本书编委会

（排名不分先后）

王宏杰　王研博　王　娜　田　野　冯　欣　刘德明
吕良海　朱　浩　李书剑　李　风　李学文　李旭东
李建辉　李镒婷　杨掌法　杨　熙　张一民　张　钦
张昆林　陈德豪　陈庆锋　陈风华　陈　昂　余绍元
郝　霆　汪香澄　汪震洲　吴国卿　杜祥艳　何素刚
周洪斌　周　雯　周　勇　周华斌　金　艺　金新昌
罗英杰　欧伟强　林常青　姚　平　姚　敏　贺　朋
宫雅玲　翁亚飞　徐青山　徐先红　徐　辉　殷洪波
莫　凡　黄安心　黄茂兴　黄　亮　黄　波　阎占斌
崔　炜　谢建军　董亚夫　程　鹏　韩　芳　靳　勤
蓝小玲

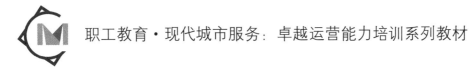

职工教育·现代城市服务：卓越运营能力培训系列教材

智慧物业服务头部企业案例精解

主　　编◎林常青　杨　熙　黄安心
执行主编◎黄安心

Intensive Case Studies
　of Smart Property Service
　in Leading Enterprises

华中科技大学出版社
http://www.hustp.com
中国·武汉

内 容 提 要

本书主要选取中国物业管理行业多个头部企业近年来创新发展所取得的成果,以案例分析方式分享给读者,补充了现有高等教育和培训机构实践教学案例材料的不足。本书就基础服务品质提升、社区运营管理服务、服务体系现代化建设、园区物业服务、数字化物业项目管理服务、数字城镇全域服务、物业管理智慧平台、商务写字楼全场景服务、产业园区一体化智慧服务、数字化集成物业服务、数字化集成指挥与运营、人力资源与组织保障等12个热点问题,遴选12个经典案例来进行全面分析解读,以飨读者。

本书可作为高等学校物业管理及相关专业实践教学教材,也可作为岗位培训、职业能力鉴定案例分析和综合实践培训教材,还可作为物业管理行业从业人员拓展管理思维、解决前瞻性理论与实践问题的参考资料。

图书在版编目(CIP)数据

智慧物业服务头部企业案例精解/林常青,杨熙,黄安心主编.—武汉:华中科技大学出版社,2022.6
ISBN 978-7-5680-8404-8

Ⅰ.①智… Ⅱ.①林… ②杨… ③黄… Ⅲ.①智能技术-应用-物业管理-案例-中国 Ⅳ.①F293.347-39

中国版本图书馆CIP数据核字(2022)第103145号

智慧物业服务头部企业案例精解 林常青 杨 熙 黄安心 主编
Zhihui Wuye Fuwu Toubu Qiye Anli Jingjie

策划编辑:周晓方 宋 焱	
责任编辑:苏克超	
封面设计:原色设计	
责任监印:周治超	
出版发行:华中科技大学出版社(中国·武汉)	电话:(027)81321913
武汉市东湖新技术开发区华工科技园	邮编:430223
录　排:华中科技大学惠友文印中心	
印　刷:武汉市籍缘印刷厂	
开　本:787mm×1092mm　1/16	
印　张:10.25　插页:2	
字　数:220千字	
版　次:2022年6月第1版第1次印刷	
定　价:49.80元	

本书若有印装质量问题,请向出版社营销中心调换
全国免费服务热线:400-6679-118　竭诚为您服务
版权所有　侵权必究

前言
Preface

  福州唐世网络信息技术有限公司(中物教育平台)和北京中物研协信息科技有限公司为响应中国物业管理协会 2020 年"能力建设年"号召,充分利用中国物业管理协会授权的"中物教育平台"优势,适时推出了"对话行业标杆:解读企业成功之道"系列活动。通过对话头部企业,全面解读头部企业的成功秘诀,探寻变革时代企业提升之道。

  此次活动开展一年来,引起了行业内外的关注和重视。已举办的 11 期系列活动,通过对标学习与交流,从战略、战术、实操层面逐一展现头部企业在经营过程中的决策、制度、措施;通过在线培训等方式,分享头部企业核心价值、决胜秘诀、组织赋能、未来发展规划等,展现头部企业在学习型组织打造、企业能力建设与知识管理等方面的成功经验,为行业发展贡献了经验和智慧。该活动通过网络平台进行行业头部企业高端对话,以数字化时代的创新理念,引领了物业管理行业"能力建设"的新风向、新模式。

  主办单位将此项活动的成果结集成书,分享给更多的企业,既是开拓性、挑战性的工作,也是一件非常有意义的事情。相信对物业管理行业进一步解放思想、开拓创新、提升能力,一定大有裨益。

  "对话行业标杆:解读企业成功之道"系列活动,让头部企业的创新成果和优秀经验,成为不断探寻行业规律、提升行业能力、优化行业服务品质的助推器,成为激励企业挑战自我、勇攀高峰的不懈动力,让行业各具特色的故事精彩永续,让优秀企业、优秀物业人铸就的品质永恒!希望大家以此为契机,加强自身能力建设,共创行业辉煌!

  出于表达需要,书中难免存在重复之处,敬请谅解。

编者
2022 年 3 月

目录
Contents

第一章　基础服务品质提升　　/1

- 学习目标　　/1
- 学习指导　　/1
- 案例1：碧桂园服务：物业服务模式整体创新，打造新时代物业制胜力　　/2
- 案例材料　　/2
- 案例分享　　/6
- 专家点评　　/7
- 在线分享　　/9

第二章　社区运营管理服务　　/10

- 学习目标　　/10
- 学习指导　　/10
- 案例2：蓝光嘉宝服务：转型升级下社区增值服务布局　　/11
- 案例材料　　/11
- 案例分享　　/16

- 专家点评 /18
- 在线分享 /20

第三章 服务体系现代化建设 /22

- 学习目标 /22
- 学习指导 /22
- 案例 3：明德物业：以精品奉献人民，用品质引领风尚 /23
- 案例材料 /23
- 案例分享 /30
- 专家点评 /34
- 在线分享 /37

第四章 园区物业服务 /38

- 学习目标 /38
- 学习指导 /38
- 案例 4：绿城物业服务：品质服务的道与术 /39
- 案例材料 /39
- 案例分享 /64
- 专家点评 /67
- 在线分享 /69

第五章 数字化物业项目管理服务 /70

- 学习目标 /70
- 学习指导 /70
- 案例 5：碧桂园服务：数字化变革驱动物业项目良性发展 /71
- 案例材料 /71
- 案例分享 /73

- 专家点评 /74
- 在线分享 /76

第六章 数字城镇全域服务 /77

- 学习目标 /77
- 学习指导 /77
- 案例 6：保利公共服务：构建公共服务数字城镇 /78
- 案例材料 /78
- 案例分享 /83
- 专家点评 /85
- 在线分享 /87

第七章 物业管理智慧平台 /88

- 学习目标 /88
- 学习指导 /88
- 案例 7：南都物业服务：信息化、数字化发展的道路 /89
- 案例材料 /89
- 案例分享 /92
- 专家点评 /97
- 在线分享 /100

第八章 商务写字楼全场景服务 /101

- 学习目标 /101
- 学习指导 /101
- 案例 8：保利商业物业：全生命周期商业物业服务为企业赋能升级 /102
- 案例材料 /102
- 案例分享 /107
- 专家点评 /108

- 在线分享 /109

第九章 产业园区一体化智慧服务 /111

- 学习目标 /111
- 学习指导 /111
- 案例9：天骄爱生活服务：构建产业一体化运营平台 /112
- 案例材料 /112
- 案例分享 /116
- 专家点评 /119
- 在线分享 /121

第十章 数字化集成物业服务 /122

- 学习目标 /122
- 学习指导 /122
- 案例10：鑫苑服务：运营可视化、服务数字化和场景在线化 /123
- 案例材料 /123
- 案例分享 /128
- 专家点评 /131
- 在线分享 /132

第十一章 数字化集成指挥与运营 /134

- 学习目标 /134
- 学习指导 /134
- 案例11：雅生活：集成指挥，数字运营，让服务一直在线 /135
- 案例材料 /135
- 案例分享 /137
- 专家点评 /140

- 在线分享 /143

第十二章 人力资源与组织保障 /144

- 学习目标 /144
- 学习指导 /144
- 案例 12：鑫苑服务：人力资源战略与组织能力
  升级之路 /145
- 案例材料 /145
- 案例分享 /149
- 专家点评 /150
- 在线分享 /150

后记 /151

第一章 基础服务品质提升

学习目标

1. 了解物业管理环境变化及其对物业管理行业和企业的影响;

2. 基础物业服务如何适应新时代政治、经济、科技、法律、政策等环境变化,进行战略调整、业务重组、模式变革;

3. 掌握物业企业为提升基础服务品质,在服务要素、经营模式、针对性措施与方法上的创新。

学习指导

学习本案例,首先要了解物业管理服务环境变化情况,特别是影响物业服务品质的相关因素。然后围绕品质管理的相关要素展开分析,探讨、学习本案例中的做法、经验,主要包括:三个工具,即凤凰会管家体系、客服联络中心、战略管理中心;五个维度,即新模式、新能力、新标准、新体系、新平台;三大服务目标,即 N(基础服务)+X(差异化备选服务)+Y(制造惊喜的创新服务);管理信息化,即以物联网云计算的新技术,实现信息提取、智能分析,并帮助业务部门进行智能决策,让业务流程更精益、服务过程更可视。最后提取可资借鉴的经验,并结合单位或当地实际,创新提升基础服务品质的管理理念、模式和方法。

案例1：碧桂园服务：物业服务模式整体创新，打造新时代物业制胜力

案例材料

一、公司简介

碧桂园服务控股有限公司（以下简称"碧桂园服务"）创立于1992年，是碧桂园集团旗下的物业管理公司。该公司经过近30年的稳健发展，业务涵盖住宅、商业物业、写字楼、多功能综合楼、政府及其他公共设施、产业园、高速公路服务站、公园及学校等多种业态。秉持"急业主所急，想业主所想""一切以业主为中心"的服务理念，碧桂园服务以扎实的业务，精益化管理，完成英国标准协会质量管理体系认证、环境管理体系认证及职业健康安全体系认证，建立精益化的物业管理和服务体系。依托强大的线下服务体系，整合社区商业资源，致力于让业主体验物业服务的美好，围绕业主不动产保值增值，提供全生命周期服务。

二、案例背景

随着物业管理行业（以下简称"物业行业"）进入"大智移云"（大数据、人工智能、移动互联、云计算）时代，以及新冠肺炎疫情（以下简称"疫情"）常态化、供给侧改革、存量市场、市场同质化严重等，客户对美好生活的需求更加多元化。面对新形势，碧桂园服务持续创新服务形式、服务标准、服务内容。

首先，目前信息化形势下，通过使用物联网、云计算、边缘计算、大数据等技术，对物业管理全过程进行信息提取、智能分析、智慧决策的趋势越来越明显。通过信息化技术实现业务流程更精益、反应更快捷、过程更可视、结果标准化，是碧桂园服务多年来不断探索的方向。

其次，物业基础服务重在坚持"一盘一策分级服务、质价相符"的原则，基于物业服务合同履约，基于楼盘业主需求提供服务。而居民不断增长的服务需求同时需要物业企业不断迭代工具，更精准、更快速地识别客户潜在服务需求，从而为业主提供多样化、差异化、个性化服务，打破市场同质化壁垒。例如，碧桂园服务2018年起要求凤凰管家全部取得红十字救护员证。2020年，建立"4F管家"体系，赋予管家新技能，并通过线上化工具实现管家24小时在线服务，都是自身不断变革的体现。

最后，在"红色物业"大背景下，如何实现与业主共建共治共享，探索物业服务的可持续发展新生态。碧桂园服务在"社区志愿者""红色物业""社区治理"等新路

径上不断探索,助推物业治理水平提升。

2020年,碧桂园服务不断探索通过信息化、数字化、智能化手段达到任务工单化、服务可视化、服务线上化。试图打破原有的惯性思维,不断更新物业服务的价值认知,将服务价值无限延伸。过去,物业服务更多的是为业主提供资产管理服务;现在和将来,碧桂园服务建立全息客户画像系统,提供更精准的"对人"服务,这是碧桂园服务不断努力的方向和目标。

三、内容框架

1. 主要依据

从政策层面来看,自2017年党的十九大报告提出党建引领提升基层社会治理能力开始,各地均在不断试点推行社区党建治理模式。近年来,越来越多的省(区、市)开启红色物业模式,将物业管理纳入社区治理范围。

从法律层面来讲,民法典、相关部委指导性文件及各地新的物业管理条例等,均对党建引领、物业服务履约等提出明确要求,物业服务公开公示、透明化已成为趋势。

从社会层面来讲,疫情带给社会较明显的改变,居民对小区环境卫生及公共健康的要求日益提高,疫情期间美团外卖等服务行业均实现服务过程的可视化、即时评价,物业服务作为服务行业的重要一项,服务过程的可视化、即时评价势在必行。

2. 内容要素

本次服务创新主要基于新时期物业服务行业的新变化及疫情常态化形势下,业主服务需求发生变化和行业服务模式发生变化。碧桂园服务从小区治理模式、服务人员、服务内容、服务标准、服务平台五个方面进行服务举措迭代创新。

碧桂园服务的创新化服务主要包括新模式、新能力、新标准、新体系、新平台,通过不断对物业服务进行颗粒度细分来实现效率更高、业主满意度更高,主要内容如下。

(1)新模式:管理模式升级,匹配当前社会趋势,打造社区治理红色物业模式。

(2)新能力:建立"4F管家"体系,实现核心竞争力升级,打造业主喜欢的全能管家。

(3)新标准:健康安全升级,建立"安全、健康、无毒"的社区公共安全与健康服务体系。

(4)新体系:生活体验升级,碧桂园服务提供独具特色的100多项小而美贴心服务,开展月度贴心服务节。

(5)新平台:响应时效升级,聚焦业主诉求,建立即时响应、服务过程可视化平台。

四、主要的成果及经验

碧桂园服务目前已落地创新化服务的各项举措,并在不断总结、完善,以更好地为业主提供服务。

1. 聚焦党建引领，构建党建社区治理新模式

2019年起，碧桂园服务开始探索构建社区"大党建格局"新模式，联动基层党组织、社区居委会在社区内成立"社企党建共建活动室"，以党建联建、共驻共建为基础，共同开展党建主题活动，做到党建共商、事务共管、资源共享、难题共解、活动共办，不断丰富社区党建活动载体，繁衍红色细胞。目前在碧桂园社区，已形成1087支社区党员志愿者队伍，共有约6980名志愿者参与社区公益活动。在防疫期间，碧桂园服务150多支业主志愿者队伍自发参与到社区防疫第一线，服务时长达30余天。

比如，广州的凤凰城凤馨苑社区，为强化基层党组织力量，社区联动物业建立了联系党员、联系群众的制度，走家入户寻访，注重培养积极分子、发展党员。同时建立走访台账，登记党员户、困难户、重点户等信息，推动基层治理精准化、精细化。通过多方合力及共建活动的开展，社区将党委、物业的服务平台拓展到整个社区，让"五星安全管理物业小区"的品牌影响更大，社区党委、物业和居民共同享受了城市基层党建工作带来的"红利"，也为共建工作的开展奠定了坚实的基础。防疫期间，社区业主志愿者和物业人员同步工作时间，从早6点半到晚10点，均有志愿者参与测体温、排查、为隔离业主送餐等。

2. 聚焦疫情常态化时期客户居家需求，建立服务人员居家服务新能力

疫情常态化时期客户的活动半径和范围再次聚焦到家庭和社区，客户需求回归到对居家和社区的安全、健康、生活便捷这三大方面。因此碧桂园服务根据客户需求的变化而变化，从服务标准、服务形象、服务效率、服务能力上全面打造满足新需求的新物业服务人员。力求打造业主喜欢的4F贴心好管家，增加"10＋N"项居家生活知识与技能。如针对业主的健康需求，管家提供居家环境健康常识、膳食健康常识，以及家庭小维修基本知识、收纳常识等，成为业主心中真正的好帮手。通过管家业务的新赋能，让管家在为业主提供物业服务的同时为业主提供"10＋N"项个性化尊享服务，提升管家服务的核心竞争力。

3. 聚焦客户健康安全的核心需求，建立业主最信赖的社区公共安全与健康新标准

疫情常态化后期，对健康、安全的关注，成为客户新的关注点。碧桂园服务作为社区安全守护者，致力于建立新社区公共安全与健康体系。

首先，基于客户的健康需求，碧桂园服务建立客户关键服务触点的消毒标准，如在门岗配置免洗消毒液，在大堂、电梯、楼道、游乐场、地下车库、垃圾投放点等易感区域每天以固定频次进行消毒，真正为业主提供新时期立体化全动线的安全服务。

其次，碧桂园服务一直致力于构建智能安全社区，通过建立智能安全服务中心（ISSC），将智能监控云平台、租户线上一体化实时管理、临时入区第三人线上管控、智能家居联网业主与物业互联一体化管理、智慧消防等多项让业主安心的服务功能，通过智能云平台实现大屏化一体即时展示、实时预警、一键触发派单。除建立新社区公共安全与健康体系外，碧桂园服务也在探索社区健康管理线上到线下模式。在疫情期间，全国有600多个社区邀请春雨医生进社区进行线上义诊，当地医疗机构进行防疫线上讲座。未来将体系化地提供社区健康服务，线下提供诊疗、预防、咨询服务，线上利用云端健康数据以及具有一键问诊、名医服务、就医帮助、健康管理、体质监测、名医讲堂、紧急救援等服务的智能终端，提供远程视频问诊等服务。

最后，匹配业主需求，碧桂园服务在不断运用新工具实现新标准。在疫情暴发期，碧桂园服务首创了在电梯内配置固定及移动式红外线消毒灯的消毒服务。在疫情常态化时期，仍研发、引进新工具。如碧桂园服务旗下专业保洁公司绿高园林近期引入荷兰i-team清洁洗地机进行物理消毒。和传统的喷洒化学消毒水不同，新款的清洁洗地机只需加注自来水，将"重能＋动能"全部转化为热能，洗地水温被提升至40℃以上，起到消毒作用，实现环保、降本、高效。经测算，电梯洋房室内公共区域消杀面积10万平方米，每月可省万余元成本。碧桂园集团旗下广东博智林机器人有限公司的自研产品电梯内消毒机器人——"第三代雾化消毒机"，同时具备"人体识别＋运动状态识别＋科学消毒杀菌＋智能作业"功能。机器人通过红外检测、惯性导航模块准确识别电梯的工作状态、启动服务，实现智能、安全、精准作业。

4.聚焦客户新时期多元需求，建立线上线下融合的社区文化和生活服务新体系

首先，在社区文化方面，疫情期间，碧桂园服务将社区文化活动通过线上方式延伸到千家万户，首创线上社区文化活动，组织全民KTV、成语猜猜猜、家中美食秀、大家一起来健身、社区好声音、线上打病毒、助力武汉抗疫等社区文化线上活动近2000场，有超过20万名业主参与，其中沈阳碧桂园社区单次全民健身活动参与人数超千人。将活动持续融合到日常生活中，同时进一步丰富传统的线下社区文化活动。碧桂园服务拟开展月度贴心服务节，并为业主提供自选菜单式的多彩生活清单。

其次，碧桂园服务通过日常物业服务深度客户画像，依托全球领先的CRM（客户关系管理）系统，全面了解业主消费习惯并形成五类人群画像，将房屋租赁、汽车服务、装修服务、社区金融、智能家居等"资产＋"服务，以及社区医疗、家政服务、旅游服务、社区零售等"客户＋"服务，通过社区广告、展示、体验活动、管家、微信公众号、App等渠道，实现对消费者从认知到体验再到转化的全链路营销，进而实现全渠道精准触达。

最后，各地的碧桂园服务项目均致力于将政务服务窗口向社区延伸，探索打通政务服务的"最后一公里"。为房屋交易、租赁、公积金、住房保障、社保、民政、医保、行政审批、城管、综治、公安等政务服务向社区下沉提供入口，与教育、医疗、供水、供电、供气、供暖、电子图书馆等公共服务无缝对接。

5.聚焦客户诉求，建立即时、可视的新平台

针对上文提及的客户的各类新需求，以及客户对日常诉求响应的即时性、物业服务的透明化要求，碧桂园服务搭建即时响应、过程可视、数据透明的平台，以进一步拉近物业与业主的距离。多年来不断推进建立物业阳光公示平台，实现物业服

务全过程留痕、可回溯管理和全流程监督,促进物业服务信息公开、透明。对物业服务事项、履约情况、收支情况等进行公开公示,充分保障业主知情权,增强物业服务透明度。

疫情期间,碧桂园服务推出社区生活App凤凰会,提供即时防疫评价服务,业主可随时对物业园区的防疫服务进行评价,物业人员对存在的问题即时响应解决。在2020年2—3月,整个疫情暴发期,对于碧桂园服务的防疫工作,业主主动评价好评率保持在92%以上,其中湖北地区的好评率保持在95%以上。对业主诉求的即时响应延伸到疫情常态化时期。碧桂园服务探索建立即时、可视的新平台,业主诉求通过App下单,物业1分钟内响应,8小时内销项,业主可对服务质量进行评价。同时,碧桂园服务也在探索服务过程的可视化,将业主关注度高、感知强的服务(如消毒、测体温、消杀服务)场景,通过业主群、朋友圈、抖音直播等形式即时呈现给业主,让业主更放心、更有安全感;将物业人员的服务数据(如当日的测体温次数、服务人员的体温情况、重点疫区人员及车辆返回园区隔离情况、为业主提供代跑腿等贴心服务的次数等),通过凤凰会App即时推送给业主,实现服务数据化、可视化,进一步拉近物业和业主的距离。

案例分享

分享主题:围绕五个维度积极创新碧桂园服务

分享人:陈风华(碧桂园生活服务集团股份有限公司副总裁)

2013年创立的凤凰管家模式,构成碧桂园服务的"铂金凤凰管家"体系基础,并在碧桂园服务项目中全面推广。2020年,提出创新化服务概念及多项措施,并推动全国碧桂园服务项目在小区落地实施。碧桂园服务的"铂金凤凰管家"体系主要围绕以下五个维度积极创新碧桂园服务。

1. 构建党建社区治理的"新模式"

积极开展社区治理创新探索,构建社区"大党建格局",逐步形成基层党组织领导、居委会主导、物业公司尽责、社会组织协同、社区居民参与的共建共治共享社区治理新格局。碧桂园服务社区共组建了1087支社区党员志愿者队伍,并开展公益活动。在2020年疫情期间,有150多支业主志愿者队伍自发参与到社区防疫第一线,服务时长达30余天。

2. 建立服务人员居家服务的新能力

在疫情常态化时期,客户的诉求回归到居家、健康、生活三个方面,碧桂园服务对工作人员的技能进行了升级,增加"10+N"项居家生活知识与技能,提供个性化服务,力求打造业主喜欢的4F(Family,视业主为亲人;Fastest,最快最便捷;

Friendly,贴心的服务;Favorite,最喜欢的人)贴心好管家。

3. 建立业主最信赖的社区公共安全与健康新标准

疫情催生了业主对安全与健康的核心需求,对此,碧桂园服务建立了客户关键服务触点的消毒标准,建立了智能安全服务中心,将社区健康管理从线上到线下融合,实现一键问诊、名医讲堂、健康管理、紧急救援等服务,并运用自动消毒机、扫地机器人等新工具实现新标准。

4. 线上线下融合的社区文化和生活服务新体系

面对客户需求日益多元化,碧桂园服务在线上组织了全民线上KTV、成语猜猜猜、一起来健身、线上打病毒、线上助力武汉抗疫等活动。在线下,向业主提供房屋租赁、社区医疗等服务,并为政务服务向社区下沉提供入口,与社保、供水、供电、供气、电子图书馆等公共服务无缝对接。

5. 打造即时、可视的新平台

疫情期间,为让业主更安心、放心,碧桂园服务推出社区App的新功能,物业人员在社区App上推送服务动态、小区生活咨询,并承诺做到对业主诉求1分钟内响应、8小时内销项,业主可以随时对物业服务进行评价;同时,社区App还上线业主群聊、社区文化活动组织等新功能。

碧桂园服务在新时期物业创新化服务方面的措施,始终以客户满意为中心,不断通过提供新技术、新模式、新工具、新服务,实现让客户满意、投资者满意、员工满意。持续努力为物业服务行业不断做出价值突破,与同行一道为中国人追求美好生活做出专业贡献。

 专家点评

专家问诊一:王宏杰(中国物业管理协会名誉副会长,山东省诚信行物业管理有限公司董事长)

王宏杰:作为一个在全国31个省(区、市)共拥有2405个项目的物业管理集团,碧桂园如何有效、快速地识别业主的需求?又如何统一标准,满足不同地域业主的需求?另外,陈总作为集团高管,能不能从个人的管理体验谈谈数字化给碧桂园服务带来的管理改变?

陈风华:碧桂园服务通过三个工具来实现对业主需求的收集和识别。首先是成熟的凤凰会管家体系,这是收集业主需求的第一平台,目前已经做到识别率100%,业主满意度超过95%;其次是全国统一的24小时在线的客服联络中心,业主可以随时来电咨询和办理业务,客户的需求会被立即派发给一线人员;最后是我们的战略管理中心,通过感知评价和体验评价两套体系对客户需求做动态追踪。

针对不同地域业主的需求,碧桂园用服务标准化来建设项目,根据地域和业主提供差异化服务。标准化是指管家服务标准化。差异化是指针对不同地域、不同楼盘的客户需求，我们做到一盘一策，实现 N（基础服务）＋X（差异化备选服务）＋Y（制造惊喜的创新服务）。

对于管理的数字化，碧桂园服务运用物联网云计算的新技术，实现信息提取、智能分析，并帮助业务部门进行智能决策，让业务流程更精益、服务过程更可视。我们的任务工单系统，将 300 个内控服务场景上到工单系统。每个楼盘什么时间节点需要做什么事，到了时间就会自动触发，通知人员根据既定计划和标准去执行。另外，我们还有日常的工单系统，总公司的指令形成工单直接下发到一线，可以快速实现公司的决策意图。这些流程的标准化，可以有效降低企业培训、沟通和会议的成本。

王宏杰：通过陈总的讲解，我有了更清晰的认识，碧桂园成长为港股市值最高的物业公司，我相信数字化转型的成功是根本原因。我们物业人也需要从过去简单的产品观，转向对客户需求的聚焦，经营观念要转变。以前我们自己抓内部品质管理，但这些品质是不是客户所需要的，能不能让人产生尊重，过去我们在这些方面有很大的不足。物业产品其实就是一线员工面对客户的服务、精神、态度和技能，一方面需要标准化，像碧桂园的凤凰会管家和 400 热线，就能做到即时响应和满足客户需求。碧桂园的战略管理中心，通过感知评价和体验评价两套体系，为业主提供一盘一策的差异化服务，值得所有同行学习。我们意识到企业的目光应该聚焦在客户身上，而不只是自己的产品做得如何。完整的管理体系，既能够收集、判别、了解客户需求，还能关注其变化。另一方面是数字化，碧桂园的快速建设和响应能力给我留下深刻印象。虽然碧桂园数字化起步时间较晚，但 2015—2019 年，这么短的时间内就能向行业输出集成化应用，凸显了碧桂园数字化转型的决心。我们很多同行也有对数字化转型的思考，但总在犹豫，碧桂园的榜样告诉我们，下定了决心就不怕开始得晚。

专家问诊二：郝霆（中国物业管理协会产业发展研究委员会委员，好生活物业管理集团有限公司总裁）

郝霆：感谢陈总的分享，碧桂园服务通过创新，打造了新时期物业的竞争力，并且在党建、居家服务、业主健康、社区文化，以及管理模式的智能化、数字化等方面，给物业管理行业带来了很多新的启发和引领！我国中小物业企业占比达到 95％以上，可否结合碧桂园的创新过程和综合能力建设，推荐一些适合中小企业实践的能力建设和创新建设经验，给中小物业企业提供增加收入的捷径？

陈风华：开源节流是所有企业永恒不变的命题，对于碧桂园来说，我们 1000 户以下的项目占比达到 60％～70％，虽然碧桂园是大企业，但同样面临楼盘规模小而分散的难题。对此，我们采取了以下措施。①创新机制：包括战略层面自上而下的创新和基层的微创新，激励全体员工在日常工作中提出对工具类、流程类问题的创新。2019 年，我们月均提出数千项微创新，落地 500 多项，年度节约成本达两千万元。②运用信息化技术：特别是投入新工具，如机器人和其他自动化工具。③采用新模式：如采用六西格玛模式、阿米巴模式，鼓励员工自主创新，实施一职多能、劳务分包等。④提供新服务：围绕物和人提供社区增值服务。

在线分享

1. PPT
创新化服务打造新时期物业竞争力

2. 视频
(1) 陈风华：创新化服务打造新时期物业竞争力

(2) 专家问诊：林常青、李长江、杨熙、王宏杰、郝霆、贺朋

第二章 社区运营管理服务

 学习目标

1. 认识物业服务作为社区运营管理服务出发点的重要性；
2. 掌握社区多种运营管理服务的策略、方法，以及构建的社区运营管理服务保障体系；
3. 理解消费服务需求升级后的物业服务内涵与外延。

 学习指导

学习本案例，首先要了解社区运营管理服务的出发点即物业服务，然后分析社区以客户需求为核心的社区多种运营管理服务的发展之道。主要包括：以"优质、酒店、管家、金管家"四种标准化服务模式，构建差异化服务体系；聚焦四大主题、六大社区名片，打造"4+6"蓝光嘉宝幸福居文化服务体系；以物联网、互联网技术变革传统管理模式，为社区经营业务导入打下坚实基础；以"社区空间经营、拎包入住、房屋经纪、生活家平台、智慧化业务"五大核心业务为代表，创新经营之道，实现集买、装、住为一体的全生命周期居家服务闭环；通过三大保障机制，为社区经营业务的扩展与发展提供有力支撑。最后，围绕消费服务需求升级，打造生活家服务体系，重新定义物业服务内涵与外延。

案例 2：蓝光嘉宝服务：转型升级下社区增值服务布局

案例材料

一、公司简介

蓝光嘉宝服务（于 2021 年 10 月 27 日更名为"嘉宝生活服务"，为表述便利，本书沿用旧称）成立于 2000 年，拥有"国家物业管理企业一级资质"，于 2019 年 10 月在港交所成功上市。蓝光嘉宝服务围绕社区物业运营及商业管理，主营业务包括物业管理服务、咨询服务、社区增值服务三大业务线，涵盖物业管理全产业链。借势资本与数字化双引擎助力，蓝光嘉宝服务立足西南，布局全国。截至 2020 年 12 月，蓝光嘉宝服务进驻全国 130 余个城市，签约服务项目 1400 余个，累计签约服务面积 2.1 亿平方米。该公司秉持"用心服务生活"理念，积极围绕社区里的"人"、"物"和"空间"，基于社区"场"提供各类增值服务，持续跨界融合移动互联、大数据、人工智能等新技术，从业主需求出发，拓宽服务范围，丰富产品系列，提升服务品质，优化服务体验，实现"最后一百米"的最大价值。同时，多元化的社区增长服务也丰富了企业自身的营收组合，提升了业绩增长速度。

二、案例背景

党的十八大以来，西部地区经济社会发展取得重大历史性成就，为 2020 年决胜全面建成小康社会奠定了坚实的基础，也扩展了国家发展的战略空间。2020 年 5 月，中共中央、国务院印发《关于新时代推进西部大开发形成新格局的指导意见》，明确指出要形成大保护、大开放、高质量发展的新格局，推动经济发展质量变革、效率变革、动力变革，促进西部地区经济发展与人口、资源、环境相协调，实现更高质量、更有效率、更加公平、更可持续发展。随着西部大开发、"一带一路"倡议等的实施与深化，西部地区充分把握政策和发展机遇，经济实力稳步提升，城市投资吸引力显著增强。

顺应区域发展大势，西部优秀物业企业在运营管理、资源整合、社会责任等方面不断创新发展，企业的经营实力与市场地位进一步增强和提升，在市场竞争中脱颖而出。居民消费需求升级，智能化技术应用提供支撑，叠加资本红利持续释放，使物业企业迎来增长新契机，价值进一步凸显。

（1）行业增值服务趋势之变。在资本和技术的双重驱动下，物业管理行业迎来快速发展的新时期,日益成熟的互联网、物联网技术应用加速社区增值服务模式变化,物业服务头部企业结合自身资源和特点,找准定位,充分发挥线下优势,理性发展适合自身的特色业务,增值业务的拓展方向更加明晰,且取得了良好的收入增长。

(2)后疫情时代,消费者需求之变。当前,国内的疫情防控形势逐步趋于稳定,疫情防范重点逐渐调整至防范外部输入与防范内部反弹方面,外松内紧、全面复工复产成为主流,国内已悄然步入后疫情时代。因此,要解读社区增值服务何去何从,有必要重拾物业服务的初心——满足业主需求。

(3)消费需求升级对服务经营提出更高要求。社区经营业务成为物业服务企业(以下简称"物业企业")盈利能力提升的重要途径,成为资本市场对物业服务企业成长性评估的重要参考依据;业主维权意识增强,消费习惯改变与消费需求升级,传统经营方式发展已达天花板,社区经营业务亟须提档升级;主流消费群体从"80后"向"90后""00后"过渡,互联网、App、社区营销、网红直播等新的触达方式层出不穷。

三、内容框架

1. 主要依据

2020年3月,国家发展改革委、中央宣传部、教育部等23个部门联合印发《关于促进消费扩容提质加快形成强大国内市场的实施意见》,提出促进社区生活服务业发展,大力发展便利店、社区菜店等社区商业,拓宽物业服务,加快社区便民商圈建设。

以蓝光嘉宝服务为代表的百强企业,在历经数年摸索之后,不再贪多求全,对于要重点拓展的增值业务领域更加清晰,并通过进一步强化线上、线下优势开展多种经营,业绩贡献持续上升。

2. 内容要素

蓝光嘉宝服务以物业服务为原点,以客户需求为核心,定义蓝光嘉宝服务发展之道。围绕消费服务需求升级,打造生活家服务体系,重新定义物业服务内涵与外延。主要包括:

(1)以"优质、酒店、管家、金管家"四种标准化服务模式,构建差异化服务体系;

(2)聚焦四大主题、六大社区名片,打造"4+6"蓝光嘉宝幸福居文化服务体系;

(3)以物联网、互联网技术变革传统管理模式,为社区经营业务导入打下坚实基础;

(4)以"社区空间经营、拎包入住、房屋经纪、生活家平台、智慧化业务"五大核心业务为代表,创新经营之道,实现集买、装、住为一体的全生命周期居家服务闭环;

(5)通过三大保障机制,为社区经营业务的扩展与发展提供有力支撑。

四、主要的成果及经验

根据2020年上半年相关数据,蓝光嘉宝服务的增值服务收入超过1.99亿元,占比达17%,居于行业领先地位。面对"物业＋生活服务"构成的双万亿市场,蓝光嘉宝服务意识到,在逐渐向现代服务业转型升级的过程中,随着消费升级,消费者的需求日渐差异化及精细化,服务内容创新和重构有着重要意义。未来,蓝光嘉宝服务在夯实基础物业服务的前提下,将不断打破陈规,勇于创新,不断拓宽服务边界,全面拓展延伸服务、创新服务等垂直细分市场。

1. 顺势而为,以小见大:物业行业形势与蓝光嘉宝服务的卓越成绩

当地产迈入存量时代之时,物业管理行业迈入资本时代,迎来了快速发展的新时期。在资本与技术、居民消费升级和存量物业面积持续增长的多重驱动下,物业管理行业驶入高速发展的快车道。

高质量增长需要不断扩大管理版图,但更为核心的是后端运营管理能力,其也是居民获得感和幸福感,以及企业高质量发展的重要保障。

一方面,物业企业通过内生式增长与外延式市场化扩张,持续扩大管理规模,夯实基础服务。另一方面,物业企业通过与物联网、互联网、数字化技术的深度融合,布局多元增值服务领域,挖掘社区经营价值,以实现经营能力的高质量增长。市场上的百强企业纷纷走上了扩规模—稳基础—拓增值—提业绩的高价值发展之路。秉持"用心服务生活"理念,坚持规模与利润并重的蓝光嘉宝服务,在2019年市场化拓展能力大幅提升,实现高质量规模化发展,客户满意度从2018年的89分跃升至95分;同时,社区增值业务高速增长,占比21.4%,居于行业领先地位,总收入和净利润分别实现47.2%和63.6%的高速增长。优秀的业绩也促使蓝光嘉宝服务于2019年10月在港交所成功上市,成为西部地区首家登陆港股市场的物业企业。

2. 坚守服务初心,以物业服务为原点,延伸产业链经营和构建社区生活服务体系

蓝光嘉宝服务的发展之道是以客户需求为核心,以物业服务为原点,纵向延伸房地产产业链价值经营,横向整合客户及社会资源经营。借力信息技术改造升级传统物业服务,构建以"生活家服务体系"为核心的新型商业模式。通过打造以物业服务为主的服务连接平台、以生活服务为主的资源共享平台和生活家数据云,带来用户的体验升级和消费升级,重新定义物业服务内涵与外延。基于对客户需求的深度理解,蓝光嘉宝服务形成"优质、酒店、管家、金管家"四种标准化服务模式,形成具有差异化特色的核心竞争优势。其中,最顶层的"金管家"服务不仅包括极致的基础服务,还包括智慧生活服务和幸福居情感关怀,让用户感受到"满意＋惊喜＋感动"的阶梯式服务。四种标准化服务模式符合不同产品和客户需求,做到了服务的差异化。

蓝光嘉宝服务围绕社区全年龄段业主需求,打造"4＋6"幸福居文化服务体系,开展了"春暖花开"女性主题活动、"仲夏之巅"儿童主题活动、"爱在金秋"老年主题活动和"情暖冬日"暖冬主题活动,实现"月月有活动、季度有主题",提升社区居民幸福指数。围绕嘉园善居、乐智宝贝、颐养天地等主题活动,蓝光嘉宝服务在全国范围内每年举办上千场贯穿全年龄段的社区文化活动,客户满意度及行业美誉度

都大幅提升。蓝色运动员、业主艺术节、微爱有嘉等更是成为蓝光嘉宝服务的幸福名片，营造和谐幸福的生活氛围。嘉宝"幸福居文化2.0"围绕"责任、专注、温度、智慧"四大品牌内核，沿"服务产品迭代""智慧生活升级""精神文化进阶"三个路径，从硬件品质改善到软性服务提升，将幸福宏观价值最大化，持续提升业主的获得感和幸福感。

3. 五大核心业务，集买、装、住为一体的全生命周期居家服务闭环

聚焦客户消费需求升级，蓝光嘉宝服务创新经营五大核心业务，实现了集买、装、住为一体的全生命周期居家服务闭环，全方位覆盖业主生活场景。并基于沉淀的"标准、技术、人才、数据、资源"优势，实现产业互联网化输出。

（1）社区空间经营。通过资源规划标准化、商源储备标准化、业务导入标准化、信息管理标准化以及公开透明原则的"4项标准化＋1项原则"，实现业务标准化管理，增加经营收益，在获取经营价值的同时，"取之于民，用之于民"，助力社区品质提升。

（2）拎包入住。伴随着国家精装房业务的发展趋势，匹配业主差异化需求，蓝光嘉宝服务上线了围绕精装房的定制服务，为业主提供集清水房整装、精装房软装、个性化定制精装及老房焕新家等于一体的一站式房屋全生命周期装修服务。蓝光嘉宝服务将服务全周期（又称"全生命周期"）分解为若干特定服务场景，并建立特定的标准作业流程作用于其中，利用峰终定律精心设计客户体验，把每位业主都设想为意见领袖，用高品质的服务来赢得客户的口碑与黏性。

同时，蓝光嘉宝服务设立全资子公司嘉饰家，严选战略/联营合作商家，依托嘉宝线上平台及线下社区营销渠道，为业主提供优质的装修管理和保障，给业主带来更好的服务体验。

（3）房屋经纪。通过整合产业链资源，依托优质物业服务，蓝光嘉宝服务的业务范围不只是普通的房屋租赁买卖服务，而是打造"互联网＋物业经纪＋金融服务"的综合型居间服务平台，通过居间服务、顾问咨询、营销代理、金融服务和产业链增值服务五大业务实现经营创收和长尾效应。通过"优质资源自营＋劣质资源外包"，实行分类运营，精细化管理，业务标准化快速导入，提高项目房屋经纪业务创收效率。打造"员工＋业主＋行业"嘉宝全民经纪人模式，将经纪人从操刀手转变为顾问型专家，有效连接员工与业主资源，增强资源整合能力，提升项目经营收入。

（4）生活家平台。生活家平台是以业主需求为原点，依托"熟、近、场"三大社区场景优势，联合"京东服务＋""苏宁帮客""爱康国宾"等全国万余家大品牌，以大平台为基础构建社区新零售、居家服务、旅游出行等创新型、高黏性业务，为业主提供高性价比社区新零售服务和高价值本地居家生活服务；在充分挖掘物业服务优势和满足业主需求的同时，加速经营业务变现。

在社区中，蓝光嘉宝服务设立了独特的分销合伙人体系，实现业主员工化、员工合伙化，发展业主成为合伙人，通过社区邻里关系发展拼团等业务，发展社区熟

人经济，实现社区的精准营销。蓝光嘉宝服务的分销体系中，1000名经营管家是企业员工，但更多的2000名社区合伙人是来自社区的业主，通过分享社区经营红利来壮大分销团队。

蓝光嘉宝服务通过新零售高频高黏性产品和社区流量爆品，满足业主日常消费升级需求，做大流量；通过旅游出行、家政保洁、居家养老三大核心居家服务，提高业主服务黏性；以战略联营、爆品自营、平台合作三大运作方式，多维度升级社区经营商业模式。

"嘉宝生活家"App、"嘉宝生活家"小程序、"嘉宝生活家"微信公众号三大线上平台＋社区集市、体验中心、小精灵智能终端三大线下触点，六大社区经营营销渠道全方位覆盖业主生活场景，六维触达业主，打造消费闭环。通过发展社区分销合伙人，开展邻里拼团，联动大品牌落地社区生活集市，蓝光嘉宝服务探索社区直播带货营销新方式，全方位构建匹配"熟、近、场"三大经营场景的撮合交易模式。此外，蓝光嘉宝服务以物业服务为入口，整合商户与业主资源，借力社区活动，挖掘海量客户资源价值，满足客户多元化需求，相互促进，相互消费，实现客户满意度与社区经营业务协同发展。紧扣后疫情时代消费需求升级，创新社区经营服务，通过嘉宝生活家App，蓝光嘉宝服务除了为业主提供"在线缴费""在线报修""小区公告""呼叫管家"等便捷物业服务外，还在疫情期间打造了"跑腿服务""云采购""嘉菜园""云医疗"等无接触的全方位生活服务，与业主之间的互动更为密切、黏性更强。截至2020年6月30日，"嘉宝生活家"App注册用户已经超过90万。

（5）智能化业务。在智能化方面，蓝光嘉宝服务智慧社区通过"大精灵"将AI技术应用于业主服务和物业经营管理场景，让科技与业务融合，让线上与线下闭环，实现公共区域服务管理智能化。蓝光嘉宝服务全屋智能通过"智慧嘉"小精灵，深度融合智能家居、生活服务、物业服务三大入口，通过"AI＋语音交互服务"为业主带来智能、便捷、舒适的智慧家居生活新体验。

4.三大保障机制，支撑核心业务开展

蓝光嘉宝服务通过三大保障机制来支撑五大核心业务。在经营机制上，为了实现员工合伙化、业主员工化的模式，蓝光嘉宝服务组建了"1000名经营管家＋2000名社区合伙人"团队，通过市场化激励政策，分享社区经营红利。而蓝光嘉宝服务作为一个业务覆盖全国70余座城市的大型企业，标准化体系的保障是规模做大和快速复制的基础，也是蓝光嘉宝服务树立行业经营标杆，给业界做业务示范的必经之路。通过标准化业务手册、系统数字化，实现经营业务标准化复制，简化工作流程，提高工作效率。同时，通过经营标杆打造、营销模式变革，实现业务有创新、营销有突破，支撑业务爆量。最后，在数字化时代，蓝光嘉宝服务也建立了信息化保障，通过以"服务数字化、经营数字化、管理数字化"为代表的三大平台建设与应用，将后台沉淀的数据，转化为将来的数字资产，实现良性循环，为社区经营业务的扩展与发展提供有力支撑。

案例分享

分享主题1：解读蓝光嘉宝高质量发展的制胜秘诀

分享人：吕良海（蓝光嘉宝服务经营副总裁）

1. 顺势而为，以小见大：物业行业形势与蓝光嘉宝的卓越成绩

当地产迈入存量时代之时，物业管理行业迈入资本时代，迎来了快速发展的新时期。市场上的百强企业纷纷走上了扩规模—稳基础—拓增值—提业绩的高价值发展之路。蓝光嘉宝服务（以下简称"蓝光嘉宝"）在2019年市场化拓展能力大幅提升，客户满意度从2018年的89分跃升至95分，同时社区增值业务高速增长，占比21.4%，居于行业领先地位，总收入和净利润分别实现47.2%和63.6%的高速增长。优秀的业绩也促使蓝光嘉宝于2019年10月在港交所成功上市，成为西部地区首家登陆港股市场的物业企业。

2. 坚守服务初心，以物业服务为原点延伸产业链经营和社区构建

蓝光嘉宝的发展之道是以客户需求为核心，以物业服务为原点，纵向延伸房地产产业链价值经营，横向整合客户及社会资源经营。基于对客户需求的深度理解，蓝光嘉宝形成"优质、酒店、管家、金管家"四种标准化服务模式，形成具有差异化特色的核心竞争优势。其中最顶层的"金管家"服务不仅包括极致的基础服务，还包括智慧生活服务和幸福居情感关怀，让用户感受到"满意＋惊喜＋感动"的阶梯式服务。四种标准化服务模式符合不同产品和客户需求，做到了服务的差异化。

蓝光嘉宝围绕社区全年龄段业主需求，打造"4＋6"幸福居文化服务体系，开展了"春暖花开"女性主题活动、"仲夏之巅"儿童主题活动、"爱在金秋"老年主题活动和"情暖冬日"暖冬主题活动，实现"月月有活动、季度有主题"，提升社区居民幸福指数。

3. 五大核心业务，集买、装、住为一体的全生命周期居家服务闭环

蓝光嘉宝以其五大核心业务，创新经营之路，以服务促增长。

（1）空间经营。通过资源规划标准化、商源储备标准化、业务导入标准化、信息管理标准化以及公开透明原则，在获取经营价值的同时，"取之于民，用之于民"，助力社区品质提升。

（2）拎包入住。伴随着国家精装房业务的发展趋势，蓝光嘉宝上线了围绕精装房的定制服务，为业主提供集清水房整装、精装房软装、个性化定制精装及老房维修翻新为一体的一站式房屋全生命周期装修服务。同时，蓝光嘉宝设立全资子公司嘉饰家，严选战略/联营合作商家，依托嘉宝线上平台及线下社区营销渠道，为业主提供优质的装修管理和保障。蓝光嘉宝秉承"有所为有所不为"的行为准则，物业不是什么都可以做，也不是什么都可以做好，与优秀的服务商合作，可以给业主

带来更好的服务体验。

(3) 房屋经纪。在房屋经纪方面,蓝光嘉宝的业务范围不只是普通的房屋租赁买卖服务,而是打造了"互联网＋物业经纪＋金融服务"的综合型居间服务平台,通过居间服务、顾问咨询、营销代理、金融服务和产业链增值服务五大业务实现经营创收和长尾效应。

(4) 生活家平台。该平台是以业主需求为原点,依托"熟、近、场"三大社区场景优势,联合大品牌、第三方大平台,线上线下相结合,为业主提供高性价比社区新零售服务和高价值本地居家生活服务;在充分挖掘物业服务优势和满足业主需求的同时,实现经营业务变现。2019年夏天,蓝光嘉宝通过与格力的合作,向业主推出特惠空调产品,从物业渠道的拿货价格,甚至可以做到比淘宝、京东等电商渠道,以及永辉、家乐福等线下商超更低,一个夏天就实现了3000万元的销售额。此外,在直播渠道,蓝光嘉宝也曾与伊利牛奶展开合作,一小时之内便卖出了5000单,带货效率惊人。在社区中,蓝光嘉宝设立了独特的分销合伙人体系,实现业主员工化、员工合伙化,发展业主成为合伙人,通过社区邻里关系发展拼团等业务,发展社区熟人经济,实现社区的精准营销。蓝光嘉宝的分销体系中,1000名经营管家是企业员工,2000名社区合伙人是来自社区的业主,通过分享社区经营红利壮大分销团队。

(5) 智能化。在智能化方面,蓝光嘉宝智慧社区通过"大精灵"将AI技术应用于业主服务和物业经营管理场景,让科技与业务融合,让线上与线下闭环,实现公共区域服务管理智能化。

4. 以三大保障机制支撑核心业务开展

蓝光嘉宝通过三大保障机制来支撑五大核心业务。首先在经营机制上,为了实现员工合伙化、业主员工化的模式,蓝光嘉宝组建了"1000名经营管家＋2000名社区合伙人"团队,通过市场化激励政策,分享社区经营红利。其次是标准化体系的保障。蓝光嘉宝作为一个业务覆盖全国70余座城市的大型企业,标准化体系的保障是规模做大和快速复制的基础,也是蓝光嘉宝树立行业经营标杆,给业界做业务示范的必经之路。最后是信息化保障。在数字化时代,蓝光嘉宝建立了信息化保障,通过服务、经营、管理的数字化,将后台沉淀的数据,转化为将来的数字资产,实现良性循环。

分享主题2:人力资源是筑基固本

分享人:李镒婷(蓝光嘉宝服务助理总裁)

物业行业已经迎来了快速发展的新时代,行业集中度加速提升。对于企业来说,变革是走向下一阶段的关键点,变则生,革则进。在公司战略上,需要遵循以客户为中心的资本化发展、品牌引领和数字化科技转型。蓝光嘉宝所采用的策略主要是从组织、人才和机制三方面展开的。

1. 组织变革

在组织结构方面,蓝光嘉宝参考了服务行业的标杆企业的组织结构去中心化、授权一线、职能市场化的特点,组织高度扁平化,且门店具备高度自主权。据此,蓝光嘉宝将自己的组织形式精简为三级管控:总部—区域/城市—项目。通过权限下放,给予一线市场主体地位,并将总部职能高度市场化,以便更好地拓展市场。

2. 人才发展

在人才构建方面,从顶层人才建设和基层人才管理两方面阐释蓝光嘉宝的管理策略。顶层人才选对了,企业的发展方向就对了。核心领军人才是企业的关键要素,蓝光嘉宝通过引进行业优秀高管找到了所需要的视野广阔、经验丰富、具备创业奋斗心态的复合型管理人才。而在一线基层,只有项目端人才稳定,业务才不会乱。为此设立了蓝光嘉宝管理学院,满足当下核心技能的培训和企业中长期人才的供应。此外,为了提升项目基层员工的幸福感,蓝光嘉宝开展文化下基层、关注最可爱的人等活动。例如,在抗疫期间评选"保嘉优秀人员",给优秀员工发放奖杯,并把登载员工优秀事迹的报纸和感谢信寄给员工家人,让家人也感受到荣誉。作为高速扩张中的企业,蓝光嘉宝非常重视人才储备,认为应该提前储备人才,让人等业务而不是业务等人。为此引进了一批高学历、高素质、高潜力、高成长性的人才,并让他们到一线最艰苦的地方,去基层轮岗,在一线至少待上两年。这样一来,经过3到5年即可获得一批自己培养起来的骨干人才。

3. 驱动机制

对于一个庞大企业中"所求各异"的人员,只有做到"利出一孔"才能实现"力出一孔"。对于核心高管,蓝光嘉宝通过发放股权激励让他们与公司长期共命运;对于区域和事业部,公司也将发放收并购拓展激励;而对于基层项目,通过项目合伙人、中心开花等机制实现激励。"让大家都有更多收益,都去跑马圈地。"

 专家点评

专家问诊一:余绍元(中国物业管理协会副会长,深圳市之平物业发展有限公司董事、执行总裁)

余绍元:在企业业务拓展中,我们发现,每个业务都有极强的专业性,如智慧社区、生活家平台构建等,企业需要如何克服专业性难题?

吕良海:企业业务拓展的核心在于人才转型,传统人才的思维和视角受到局限,增值服务创新能力有限,这时我们就会从外部引进跨界人才,例如零售电商和装修公司。但这些人也有局限性,那就是理论研究有优势但不理解线下社区场景。于是我们采取"外部招聘+内部选拔"并重的方式。内部人才对社区有自己的理解,在线下落地中让这些人做一把手。对于居家服务来说,这方面业务黏性非常高,有长期发展价值,但短期内资源投入较大,我们采用对外合作方式进行,目前还在探索阶段。在合作商家方面,我们很看重商家的履约能力,这些商家往往位于社区周边三公里之内,和业主联系比较紧密,商品品质稳定性也有保障。对此,我们会建立多层级管理服务和引导机制,强化他们的服务质量,为业委会创造价值,产生规模优势,通过专业化的资源整合优势,最终取之于民用之于民,共创价值。

余绍元:蓝光嘉宝的表现为行业升级转型做了标杆,传统物业服务转型到现代服务业,需要转变关注点,商业模式和管理模式都需要很大变化,要做到这些确实很不容易。做行业升级转型需要很强的规模基础,所以我们不建议中小企业做转型。另外还需要搭建好专业基础,做好人才引进和机制的搭建。最后,通过平台的连接,用科技的方式建立客户间联系,线上线下场景结合,并利用合伙人、标准化等机制保障企业的良性发展。我期待蓝光嘉宝能够继续保持高速增长。

专家问诊二:徐青山(中国物业管理协会名誉副会长,河北卓达物业服务有限公司董事长兼总经理)

徐青山:关注蓝光嘉宝多年,从最初的区域企业到如今辐射全国的大企业,从今天的交流中感受到蓝光嘉宝下一步对社区资源开发的规划。从宏观战略到微观战术都很接地气,特别是对社区"最后一公里"的价值挖掘独树一帜,蓝光嘉宝规模达到万亿级别指日可待。那么我想问吕总一个问题,在社区经营生态圈或模式的打造上,蓝光嘉宝是如何做好技术支撑与社群黏性的?

吕良海:最重要的是顺应业主的使用习惯,符合物业服务的本质。例如,生活家的构筑基于线上线下的融合,并非单独开发一套线上商城系统,我们把App最重要的入口给了例如报修之类的服务功能。在2015年,我们只有简单的O2O模式,而如今已有积分系统、摇一摇开门、报修得嘉豆等玩法,嘉豆还可以用于商城消费。在线下营销上,我们和微信小程序、App合作,快速让业主下单购买产品,与大品牌合作的进社区活动也取得初步效果。

徐青山:蓝光嘉宝发展社区合伙人的策略非常具有探索意义,为行业创造了价值和典范作用。想问李总一个问题,人力资源开发作为战略管理的重要部分,蓝光嘉宝在文化育人、文化聚人、文化留人上是怎样做的,尤其是对应届生,是如何构建凝聚团队向心文化的?

李镱婷:向心文化取决于员工对公司的认同,以及公司的文化理念。蓝光嘉宝的企业文化可以从三个方面理解。首先,客户满意是第一目标,所有导向都是围绕客户满意度进行的,围绕客户做文化,才不会变成无源之水、无本之木。其次,《周易》中说:"地势坤,君子以厚德载物。"德行品质决定一个人是否堪重用,我们需要为人正直、力求向上的人才。蓝光嘉宝有着服务、绩效、制度、执行力、关爱、学习这六大文化。随着公司上市,员工越来越多,理解文化后就会用更多机制留人用人。"见贤思齐焉,见不贤而内自省",愿意承担责任的人才,经过公平竞争和严格选拔,自然会凝聚到一起。最后是利润分享,通过项目合伙人机制,让管理团队成为经营主体,个人也获得更多利益,让更多志同道合的人凝聚到一起。每位员工都能找到学习的方向和方法。此外,文化下基层也让一线员工的幸福感得到提升。文化是公司软实力,也需要内化成员工的能力。

专家问诊三：周洪斌（中国物业管理协会名誉副会长，中国物业管理协会标准化工作委员会副主任，上海永升物业管理有限公司执行董事、总裁）

周洪斌：今天的分享让我收获很多，我和蓝光嘉宝一直保持着亲密接触，对其点滴进步都有了解，但从未像今天这么系统地了解，分享很用心、很有干货。我们知道，2014年后，随着移动互联网的升级，物业升级转型的案例也随之增多，但大多比较浮躁，失败的案例很多。在业主多样化的需求面前，社区可做的事很多，请问：蓝光嘉宝在选择有所为和有所不为间，遵循什么样的决策逻辑？

吕良海：我认为对人的服务才是物业最有价值的地方，我们可以从三个方面来看。首先是服务对业务的强关联性和长尾效应，以及和传统业务的协同；其次是谨慎选择需要大投入、长周期回报的业务；最后是围绕高价值的业务，短期需要有价值，具备行业成熟度，例如家政、养老、旅游等板块，就是看中它们的服务黏性和长尾效应，符合消费升级的服务需求。

周洪斌：大多数企业可能难以保持清醒的头脑，有创意又坚守原则。能不能举一两个失败的例子？

吕良海：重资产投资大的项目不符合物业现阶段去做，此外专业化程度高、低频的业务我们都会谨慎选择。例如线下包裹业务，那时蜂巢还没有进入社区，我们在推广中发现投入较大，资金收回较慢，于是当时就叫停了这个业务。

周洪斌：社区经营与业主结合的模式，并非遥不可及，我也希望未来能实现非物业管理收入占50%的理想模式。没有文化的服务企业是没有灵魂的，文化是企业的载体，在大转型时代，请问李总，您认为真正适合的人才是怎样的？

李镅婷：现代服务业正处于转型阶段，对于总部，我们需要的是跨界人才，具备远见卓识和高视野格局，让团队有前瞻性；而对于一线人员的要求就是扎实，我们需要一步一个脚印干出来的员工。这样结合起来，一个企业才能看得远、走得踏实。

周洪斌：感谢蓝光嘉宝对于实战经验和案例毫无保留的分享，也期待线上的朋友能通过今天的分享受益，期待蓝光嘉宝股票长红。

在线分享

1. PPT

(1) 守正笃实 出奇制胜——蓝光嘉宝服务成就高质量发展制胜秘诀

(2)千帆竞发 逐浪前行——人力资源为业务保驾护航

2. 视频

(1)吕良海:蓝光嘉宝服务成就高质量发展制胜秘诀

(2)李镒婷:人力资源为业务保驾护航

(3)专家问诊:余绍元、姚敏、周洪斌、徐青山

第三章 服务体系现代化建设

 学习目标

1. 了解物业服务体系专业化、标准化、数字化、智慧化等现代化建设需求；
2. 掌握建立高标准服务体系、实现标准迭代升级的路径；
3. 熟悉运用数字化系统升级内部管控层次以及运用数字化场景提升物业管理品质的方法。

 学习指导

学习本案例，首先要认识到物业服务体系专业化、标准化、数字化、智慧化的重要性。然后围绕如何实现"标准领航，科技赋能"的高质量发展进行讨论，坚持以服务为本，以人为本，以"超值服务，精益求精"的精神，打造高质量物业服务体系。最后重点分析"内部强运营，外部促发展"的标准化实施路径，从而提升物业服务体系的现代化水平。

案例3：明德物业：以精品奉献人民，用品质引领风尚

案例材料

一、公司简介

山东明德物业管理集团有限公司（以下简称"明德物业"或"明德集团"）成立于2004年，发轫于校园，多业态并进，经过多年快速发展，服务项目达到近700个，项目遍及山东省16地市及全国28个省（区、市），管理业态涉及高校、医院、商务写字楼（以下简称"商写"）、城市环境服务、高档住宅区、产业园区等。"大学之道，在明明德，在亲民，在止于至善。"《大学》开篇明义，明德物业的"明德"二字取自此处，更以此为企业核心价值观，以至善之品质、至贤之人才、至诚之服务、至高之标准，创至上之"明德"。明德物业与时俱进，率先提出"大物业"概念，以"管理数字化、服务专业化、流程标准化、操作机械化"为企业发展战略，以标准领航、科技赋能，向现代化物业企业全面转型升级。

二、案例背景

在物业管理行业迎来巨变的新时代，明德物业坚持"红色引领，绿色发展"的理念，倡导"物业提供的不仅仅是服务，而是文明"，在中国物业管理行业独树一帜，广受赞誉。明德物业当选为中国物业管理协会副会长单位、中国教育后勤协会常务理事单位、中国教育后勤协会物业管理专业委员会秘书长单位，是山东省物业管理行业首家"国家级服务标准化试点单位"，荣获济南市市长质量奖提名奖。

明德物业高质量发展离不开标准和科技。格物致知，物业服务需要工匠精神。明德物业成立之初，刘德明董事长就提出"一生只做一件事"，坚持"超值服务、精益求精"的企业服务精神，将品质建设放在首位。一以贯之的品质服务需要流程标准化。明德物业是山东省首家颁布企业标准的物业企业，先后推出基本要求、环境服务、工程管理、会议服务、电梯巡检标准化图解手册以及培训视频，将标准化落实到一线。目前在已有企业标准的基础上进行升级，推出企业标准3.0版本，形成标准体系"1+N"模式，覆盖集团主要优势业态及行业主流业态。

三、内容框架

1. 主要依据

当前物业管理行业市场竞争日趋激烈，标准化已成为物业管理企业的核心竞

争力。通过标准化实现企业的可持续发展,已成为当前物业管理企业的发展目标和必然趋势。明德物业从企业成立之初就开始对标准化的探索和研究。从最初的企业标准编制,到后来省级和国家级服务业标准化试点的创建,再到目前主导地方及团体标准、参与国家标准编写,明德物业在标准化实践过程中逐步形成"以标准化为核心"的运营能力,用标准支撑集团运营管控模式的落地和项目品质的持续提升,并取得了丰硕的成果。

2. 内容要素

明德物业成立初期,发展迅速,在高速发展的过程中,新接管项目越来越多,分布区域也越来越广,不同地域不同员工对基础物业服务的认识深度和服务质量难免参差不齐,出现了接管速度慢、专业化人员短缺、服务质量不稳定等问题,接管项目越多,凸显出的问题就越严重,顾客投诉也越来越多,成为制约集团发展的瓶颈。因此,如何实现项目的快速接管并保证服务质量的稳定性,便成为亟须解决的问题。在这个过程中,集团意识到标准化是最佳的管理工具和技术手段,并明确了标准化的目的和实施路径。

标准化的目的是满足客户需求、解决实际问题。

明德物业明确了"内部强运营,外部促发展"的标准化实施路径:

(1)内部从客户需求出发,建立企业标准体系,将最佳实践和创新成果通过标准化的手段,加以复制并转化为企业生产力,用标准支撑集团运营管控模式的落地和项目管理品质的持续提升,围绕"标准有效供给"和"标准有效落地"两个方面展开,形成"以标准化为核心的运营能力";

(2)外部借助行业协会、高等院校、标准化研究机构的力量,借助试点建设不断提升管理和服务水平,不断发挥行业的引领作用,将企业标准向地方标准、行业团体标准和国家标准升级转化。

四、主要的成果及经验

1. 建立标准体系并持续完善升级

明德物业将标准化与自身结构进行有机融合,逐步形成完善的企业标准体系,并不断进行升级。2014年5月,明德物业发布企业标准白皮书"企业标准V1.0版",成为山东省内首家面向社会公开发布企业标准的物业服务集团,为建立完善的企业标准体系打下坚实基础。2015—2017年,先后申报了省级服务标准化试点单位和国家级服务标准化试点单位。在试点单位创建过程中,集团按照《服务业组织标准化工作指南》构建了以服务通用基础标准体系为基础,以服务保障标准体系为支撑,以服务提供标准体系为核心的"企业标准2.0版"物业服务标准体系。2018年开始推出标准体系"1+N"模式,即"通用+高校/医院/环卫/商写/住宅",覆盖集团主要优势业态及行业主流业态,为实现服务中心标准定制化奠定了基础,关键岗位作业标准实现图示化,即"企业标准V3.0版"。经过多次优化和提炼,标准体系包括客户服务、环境保洁、绿化养护、秩序维护、工程管理等物业基础服务,同时涵盖了高校、医院、办公楼、商务写字楼、住宅、环卫等明德集团的优势业态。

2. 打造明德特色标准体系

1) 标准来源于实践，又指导实践

标准应从员工中来，到员工中去，将分散的、不系统的一线员工经验集中起来，形成集中的、系统的方法。集团在标准编制过程中，成立了标准起草组，由具有丰富现场经验的一线人员和管理人员组成，这些成员来自不同业务口的基层岗位，参与标准的编写和研讨，将一线的实践经验充分融入标准，保证标准真正来源于实践，最大限度地避免了标准内容不完善、与实际不符、操作者看不懂等常见问题。

2) 从可视化标准入手，化无形为有形

集团针对一线员工年龄偏大、文化层次偏低的特点，先后下发了标准化图解手册及培训视频，编制了图示版标准化工作手册。通过建立可视化标准，把不可见的信息、不易理解的信息、要特别传递的信息等呈现出来，让员工及顾客能够感知和理解。标准中除常用的照片、图片形式外，在不易展现的环节还创新性地引入了漫画形式，使作业标准更加形象直观。图文并茂的操作指引，降低了员工出错的概率，打造出高效率、低成本的作业现场。

3) 深入分析客户需求，不断创新，建立特色服务标准，展现服务特色

集团的服务对象以高校为主，因此对高校的客户需求和特色进行了深入挖掘，并形成特色标准。如根据高校的特点，从生活保障、教研辅助、特殊时段三个方面分别制定了包括学生公寓管理、教学楼服务、图书馆服务、体育场馆服务、会务服务、开学迎新服务、毕业离校服务、考试辅助服务、校园活动辅助等特色标准，得到了学校的一致认可。

高等学校物业管理作为高等学校教育工作的一部分，以教学为中心，围绕教学和育人开展工作，并负有"三服务、三育人"的义务。因此，在标准中应充分体现"为教学服务、为科研服务、为师生员工服务"和"服务育人、管理育人、环境育人"的服务宗旨，配合高等学校构建和谐校园文化环境。师生的教研辅助服务包括教学楼服务、图书馆服务、考试保障服务、会议服务等，充分体现了"为教学服务、为科研服务"的服务宗旨。师生的生活保障服务包括学生公寓管理、开学迎新、假期管理、校园活动保障等，充分体现了"为师生员工服务"的服务宗旨。

4) 标准化与数字化结合，信息化手段助推标准有效实施

将物业服务标准导入信息化网络平台，通过后台标准库与一线员工手机终端对接，设置标准的智能提醒、实时推送等功能，促进标准化流程的有效、实时落地。如在设施设备管理方面，对设施设备进行数据化、信息化处理，系统数据自动采集、自动判断，即使专业水平不是很高的设施设备维护人员，也能确保服务工作的规范、准确。

3. 积极参与行业标准创制，为行业标准化事业做贡献

新时代物业服务行业的主要矛盾即业主日益增长的美好生活需要和不平衡不充分的发展之间的矛盾，因此，物业服务行业的发展必须以"满足客户需求，提供高标准、高品质的服务"为基础。明德物业在制定标准的过程中，始终坚持高标准引领高质量，推动行业转型升级，不断提升专业度。

1)参与国家标准编制

2018年,物业服务行业首次成功设立了三项国家标准,集团参与了其中《物业管理术语》和《物业服务顾客满意度测评》两项国家标准的编制工作。

2)承担团体标准编制

集团承担编写的中国物业管理协会团体标准《高校物业管理区域新型冠状病毒肺炎疫情防控工作操作指引(试行)》已于2020年2月发布实施。集团承担编写的《高等学校物业服务规范》已于2020年12月顺利通过了标准审查,2021年2月由中国物业管理协会和中国教育后勤协会联合发布。标准中首次明确提出了有关服务认证的要求和细则,这对推动高校物业企业的转型升级、提升高校后勤服务质量提供了有效的抓手。此外,集团承担和参与编写的《物业服务项目档案管理规范》等28项济南市物业管理行业协会团体标准已于2020年12月发布。

3)承担地方标准编制

早在2011年,明德物业就作为主要编写单位承担了山东省地方标准《物业服务规范 第2部分:中小学物业》和《物业服务规范 第3部分:高校物业》的编写工作,参与了《物业服务规范 第7部分:工业园区物业》的编写工作;2018年,集团作为主要编写单位承担山东省地方标准《物业服务规范 第4部分:高校物业》的编写,同时参与了《物业服务规范 第1部分:通则》和《物业服务规范 第11部分:公共场馆物业》的修订工作。

4)主编标准化丛书

2017年,由中国教育后勤协会物业管理专业委员会秘书处牵头,明德物业担任主编单位,17家单位共同参与编写,历时一年,凝结了整个行业的智慧,完成《物业管理指南—高校》标准化丛书的编写修订。全书共计14章,近20万字,汇集国内优秀高校物业企业、高校后勤社会化改革工作突出的高校、高校后勤服务实体等单位和机构。

4. 以标准为支撑,服务品质不断提升

决战在市场,决胜在现场!品质是企业的生命线,集团自成立以来一直坚持"品质至上"的服务理念,董事长一直要求全体员工坚持以"守住底线,挑战极限""超值服务,精益求精"的思维与理念持续做好现场管理工作。

首先是运用标准化全方位提升现场服务品质。

1)人员标准化

(1)集团制定了《服务人员行为礼仪规范》,规定了人员的仪容仪表(包括着装、仪容仪表、工作牌佩戴、行为举止、文明用语)、岗位服务礼仪(如引领客户、客户来访、客户来电、客户拜访)等要求,规定服务人员着装统一,保持仪容整洁;精神饱满,面带微笑,姿态端正、自然大方,举止文明;用语文明礼貌,态度温和耐心;对客户保持尊重和友好,目光接触时点头致意。

(2)针对不同的业务条线,集团成立了不同的业务群,如保洁群、会议服务群、管家群、工程群等,采用微课堂、视频培训、实操培训等方式,提升服务人员的服务技能。集团编写并内部下发图解手册,方便员工按图学习。各服务中心严格执行"三会一课"制度,基层员工每月接受一次培训课。同时,员工通过云管理平台在线视频,进行学习与考试。此外,各城市公司持续加强标准化训练,定期开展标准化图解手册知识竞赛活动,提升服务的标准化和专业化水平。

(3)为打造知识型、技能型、创新型人才队伍,集团每年开展职业技能大赛,鼓励全体员工积极参与集团活动,不断激发员工的工作热情和创新活力。2020年,各城市公司共推选出200余名选手参与集团第二届职业技能大赛,最终共评选出63名优秀个人及3个优秀组织,极大地提升了员工参与改进创新的积极性。

2)设备工具及物料标准化

为大力推进机械化改革,提高工作效率,推进设施设备更新换代工作,集团与行业内知名厂家如美国坦能、德国卡赫、丹麦力奇、徐工集团等供应商合作,建立战略合作关系。其中美国坦能、德国卡赫、丹麦力奇为国际排名前三的物业行业设备供应商。集团对设备进行及时、合理、有效的维护管理,制定使用要求、设备操作和保养规程,如《保洁常用工具使用作业规程》《保洁常用设备操作保养规程》《绿化机具操作与保养规程》《工程常用工具操作与保养规程》等。

对设施设备实行风险管理。

(1)设备选型与采购:充分考虑环境和职业健康方面的因素,对设备防护、安全操作、节能降耗提出相关要求。

(2)制定设备安全操作规程:在操作规程中规定安全注意事项,如对洗地机规定,禁止机器在坡道上停车;设备行驶时,如不需进行洗地作业,则应将刷子提起后再行驶等。

(3)设备及工具检测:配电房、监控室、机房所需绝缘工具每半年检测1次,保障设备安全,防患于未然。

此外,还对服务中心常用的保洁工具、物料进行梳理,明确种类、适用场合、规格、材质等,将其标准化,为集团集中采购平台提供参考。

3)流程标准化

集团在客户服务、工程管理、环境卫生、绿化养护、秩序维护、消毒消杀以及学校、医院、环卫等业态的专项服务方面,建立了规范的服务流程,为业主提供优质服务。

在客户服务方面,集团建立了多种渠道,24小时不间断受理客户诉求,客户可通过服务中心客服前台、服务中心24小时电话、集团400热线、微博、邮件、App、QQ等方式随时随地反映诉求,集团专业客服人员依据岗位服务规范在规定时间内为客户进行处理。集团明确了业主诉求的响应时间,在《服务人员行为礼仪规范》中规定,第一声铃响后才能接听电话,接听之前铃响不得超过三声。在《报修处理作业规程》中规定,接到报修后,按合同约定时间或与客户约定时间提前5分钟到达现场；无约定的，一般维修应在 1 小时内到场，急修应在 15 分钟内到场。在客户投诉方面，规定接到投诉后，1 小时内反馈相关信息，一般投诉应在 24 小时内处理完成。对于 24 小时内无法处理完成的投诉，应及时与投诉人取得联系，将处理流程告知投诉人并征得投诉人谅解。呼叫中心对处理完毕投诉于 48 小时内完成回访。

在新冠肺炎疫情防控期间，为了给业主提供更安全的防护，集团迅速组织人员进行研究，建立了《电梯消毒防疫作业规程》《公共卫生间消毒防疫作业规程》《出入口防疫管控作业规程》等专业消毒防疫流程，并拍摄成视频，便于员工学习。

4）环境标准化

明德物业要求每个关键服务场景实施 6S 管理，从整理、整顿、清扫、清洁、素养、安全六个方面，采取颜色管理、定置管理、标识管理等方法，确保环境整洁有序。比如客户服务中心、设备间、设有值守岗位的出入口，在人员服务形象、工作物品配置、服务流程、作业记录等方面进行标准化，确保服务环境标准一致。先后下发《办公环境服务规范》《业务岗位基本配置标准》《作业记录标准规范》等标准要求，通过创建更好的服务场景，达到提供更优质服务的目的。

5）开展亲情化服务

首先是秉承"源于心诚，止于完善，客户满意就是我们的追求"的质量理念，从客户的角度出发，为客户提供服务。如集团在各个服务中心规定了便民服务应配置的物品和数量，包括雨伞、文具盒、医药箱等，为业主提供便民服务。针对集团服务的高校，在迎新季提供热情周到的"亲情服务"，如设置迎新点、充当解说员、提供免费饮水休息处；在日常服务中，开展"爱心妈妈""爱心口袋""课间一杯水、一颗润喉糖"等活动，不断加深与在校师生的关系。此外，针对学生的特殊情况如受伤等，在一楼设立爱心宿舍，方便受伤学生住宿，提供各类生活所需的物品及服务。

其次是引入首席质量官行使质量安全"一票否决"权。集团实施首席质量官制度，明确了首席质量官的工作职责和工作权利，首席质量官可行使质量安全"一票否决"权；集团建立了总部、城市公司、服务中心三级服务质量管理网络，明确各单位一把手为服务质量管理第一责任人，各城市公司设立服务质量监督人员，构成一个有效的全面质量管理组织体系。

再次是运用卓越绩效模式全面提升集团经营质量。为更好地提升服务品质，打造明德优质品牌，集团在同行业中率先导入卓越绩效模式，从领导、战略、顾客与市场、资源、过程管理、测量分析与改进、结果等七个方面全面提升经营管理水平，逐渐形成"管理数字化、操作机械化、流程标准化、服务专业化"的明德"四化"管理特色。通过卓越绩效模式的推进，实现了集团质量管理和经营业绩的双丰收。2020 年 1 月被济南市质量强市及品牌战略推进工作领导小组授予第六届"济南市市长质量奖提名奖"。本次奖项的获得，既是一项荣誉，也是对明德集团实施卓越绩效模式、推进质量管理创新、树立质量标杆所取得成绩的充分肯定。

5.标准先行,抗疫规范,行动高效

新冠肺炎疫情发生后,中共中央、国务院高度重视。学校作为人员密集、密切接触的场所,其防疫工作更是重中之重。学校物业管理项目疫情防控的重点和难点主要体现在:师生学习与生活区域集中,开学、上下课、就餐等高峰期人员集聚度高,交叉感染风险高;特别是高校在开放式管理模式下,人、车、物进出频繁,再加上生源地多样等特点,疫情防控压力大。明德集团作为学校物业服务领先企业,在疫情发生初期便成立防疫工作专项调度工作组,要求各服务项目把疫情防控工作作为当前最重要的工作来抓。如何实现学校物业管理区域疫情防控的体系化、科学化、精准化和实效化,如何充分运用标准化工具来抗击疫情,为广大奋战在一线的高校后勤及物业管理行业从业人员提供科学、规范、适用的操作指导,成为亟须解决的问题。

1)编写行业防疫指引

在春节假期,由中国物业管理协会牵头、明德集团承担编写的《高校物业管理区域新型冠状病毒肺炎疫情防控工作操作指引(试行)》于2020年2月5日由中国物业管理协会正式发布,充分发挥了集团在行业中的引领作用。与此同时,集团积极践行社会责任,将企业标准《明德集团新型冠状病毒疫情防控物业服务工作指引(试行)》向社会公开发布,为同行业企业提供了参考。

2)编写高校防疫指南

在集团防疫指挥调度小组统筹下,由董事长亲自主持,集团运营管理中心全员及重点高校的项目经理组成编写组,对高校物业管理区域进行了调研,通过对国家及各高校下发的文件的解读,以及在项目实际物业服务经验的基础上,组织编写了《学校物业新冠肺炎疫情防控工作指南》(以下简称《指南》),为学校物业疫情防控提供技术支持,确保疫情期间物业服务工作有序进行,并为开学后工作开展做好准备。在保障机制方面,《指南》从组织保障、沟通机制、防控方案制定、应急处理预案、经费保障、员工保障等维度给出了学校物业疫情防控的保障指引。在防控措施方面,《指南》牢牢抓住开学这一关键时间节点,围绕开学前防疫工作重点和开学后防疫工作重点分别给出了可操作的具体措施,还包括学校家属区、校医院、校园商业区等区域。在与校方的配合方面,包括配合学校开展防疫宣传教育及在校人员健康信息调查、配合隔离观察区的建设与管理等工作。《指南》结合集团学校物业服务实际经验,坚持理论与实践相结合,"从现场来回现场去",将优秀的物业服务管理经验传授给各个学校物业服务中心,使其落地生根,不仅在新冠肺炎疫情期间发挥关键作用,更为服务中心之后的工作奠定良好的基础。

新冠肺炎疫情发生以来,集团共发布指引、指南类文件4本,共计近20万字。集团本着为业主服务、对员工负责的严谨工作态度,做防疫现场工作的坚实后盾,做到了员工零感染、业主零感染。

案例分享

分享主题："管理数字化"助力高质量发展

分享人：刘德明（山东明德物业管理集团有限公司董事长）

在世界经济发展的推动和国家政策的指引下，所有企业都在进行数字化建设，虽然各自进行的方式不一样，进度不一样，投入不一样，目标不一样，但是不可否认，数字化经济的浪潮已经全面来临。物业行业是一个相对特殊的行业，物业企业的内部管理和外部服务高度关联，而客户满意度直接决定着企业的生死存亡。随着社会的发展，客户满意度的需求范围和方式也在丰富，科技与创新的比重越来越大，如何进行数字化建设是每个物业企业都无法逃避的问题，也是物业企业能否对业主、物业使用人提供优质服务的关键。

1. 顶层设计与策略

人们经常说，想清楚才能干明白，这对明德来说尤为重要。科技能为明德带来什么？明德为什么要拥抱科技？这些都是明德集团一直在思考的问题。

因此，明德集团结合物业行业的特性，借鉴"用户至上、服务至上"的理念，根据自身"管理数字化"的发展战略，明确了自身数字化建设的目标，并参考结合了马斯洛需求层次理论和PDCA循环模型，制定了对应的数字化建设目标，并将目标进行了四个层级的规划。

在目标规划中，第一层需求是让集团内部管理升级，核心是对内实现业务、财务、人力等经营环节的数字化管控。第二层需求是让集团外部服务升级，其中包括让服务内容更丰富、让服务功能更优化、让服务品质提高和让服务质量提高。第三层需求是让集团的员工满意，通过为员工提供移动办公和线上管理，提高员工的工作效率。"有了满意的员工，才有满意的客户"，所以明德集团的最终目标是让客户满意。

好的想法需要好的制度来保障。在集团层面，明德集团成立了数字化管理委员会，成员包括甲方代表、供应商、行业专家及公司高管、区域代表等，确保集团的战略规划具有前瞻性、客观性和领先性，并专门设立了数字化管理中心，让专业的人干专业的事。

数字化管理中心作为专业部门，坚定执行集团规划的数字化战略。第一步是进行基础建设，并通过信息化、电子化、智能化、可视化和数据化等相关手段，向第二步"形成企业数据资产"迈进；最后，在保证数据的真实性、完整性和精准性的情况下，进行数据归档和统计分析等操作，逐步走向数据驱动，用数据支撑决策，用数据赋能创新，用数据提升竞争力。

"合作、共建、共赢"同样是明德集团实现数字化战略的重要手段。归根结底，明德集团是从事物业管理的,因此,明德集团选择合作共建,并与多家软硬件供应商签订了战略合作协议,建立了战略合作伙伴关系,力求共同把明德·至善云平台做大做强。在未来,明德集团将围绕全面构建科技生态圈的工作主线,继续积极寻找更多更好的、与明德集团理念嵌合的合作伙伴,真正打造一个科技生态圈。

2. 明德·至善云平台

2019年6月29日,"明德风尚,至善美好"明德物业品牌发布会在山东济南隆重举行。在发布会上,明德集团发布了明德·至善云平台,从内控到对外服务,全面实现了数字化管理。对内实现财务、人力等各个经营环节的数字化管控,对外针对不同的业态推出不同的智慧解决方案,如数字校园、数字环卫、数字医院、数字园区等。

明德·至善云平台围绕"大中台+小前台"的设计理念进行建设。其中,业务中台和数据中台是两个核心建设点,依托业务中台进行共享中心建设,同时依托数据中台进行数据能力建设,两者相辅相成,以实现业务数据化和数据业务化,最终实现互联互通的良性循环。

同时,明德集团也根据明德·至善云平台的特性,与自身业务结合,设计了明德·至善云平台功能架构图。功能架构图按照明德的主要业态,分为智慧校园、智慧环卫、智慧医院、智慧园区四大板块,在每个板块中有灵活多变的前台应用。例如:在智慧高校领域,有学苑管家小程序、明德物管 App 和 ERP 系统;在智慧环卫领域,有至善环卫 App 和至善数字环卫管理系统;在智慧医院领域,有至善医管 App 和至善数字医院管理系统;在智慧园区/社区/商写领域,有至善到家小程序、明德物管 App 和 ERP 系统。所有业态系统在统一的数据中台和业务中台上建设而成,中台下面则是明德集团利用的各种科技工具,从每一种不同的科技功能,都能看到站在明德集团背后的深度合作的伙伴的身影。

在整个平台的建设中,最为核心的是 BI 数据仓库建设。5G 时代,也让明德集团的 BI 数据仓库建设来得更加简单。数据仓库建设,用通俗的话来讲,即找到所有数据来源,通过各种手段和方式将数据上传上线,并进行清理分类、归整存放以及再输出,最后为业务所用。

(1)寻找一切数据源。寻找数据源是一项基础工作,也是一项重要工作,如果基础数据不准确、缺失,则后面的步骤将无法进行。明德集团按照职能部门、城市公司、服务中心三级架构进行梳理,并在服务中心层面进行业态区分,把每个环节的数据类型、种类、周期等全部穷举并整理出来。

(2)数据全上线并常态化。找到数据源,接下来就是上线。上线有两个重点:统一标准和常态化更新。统一标准,即对找出来的杂乱无章的数据制定统一的标准,标准包括字段的定义、上传的方式、存储的空间等。标准化即确保以后使用数据的唯一出口。常态化更新,要确保实时更新或者周期更新的数据能够源源不断地上来,需要对数据的上传形成规范与制度。对无法通过技术手段和工具自动上传的数据做好人工写入的规范与要求,同时对数据上传的权限做好规范,不让数据在任何层面有冲突。

(3)生成初步统计分析表。数据上线后,借助集团大数据平台,通过专业的报表平台进行数据的抽取、整理,结合业务部门提出的需求,输出实时报表。目前,明德集团围绕人力资源、财务管理、运营管控、企业发展、商业经营开发了一系列业务汇总报表,初步满足了业务部门的管控需求。

(4)基于这些核心的业务报表,明德集团建设了BI大数据平台。并从总部、城市公司、项目三级管控的角度出发,对绩效、人力、财务、商业经营、市场拓展五大模块进行涵盖,设计了管理者驾驶窗V1.0。

依托BI大数据平台,明德集团有用于内部管理的数据可视化前端产品,集成指挥中心。它具备"7×24小时"的数据传输能力和事件处理快速响应能力,可以帮助集团实时掌握所有在管项目的整体运营情况。

3. 打造外部服务的三大前端产品

除此之外,还有用于外部服务的三大前端产品,分别是明德物管App、学苑管家小程序和至善到家小程序。三者相互联动,实现对高校业态和住宅业态的用户服务。

(1)明德物管App。这是明德集团专用的内部协同平台,主要包括移动办公和现场管理功能,旨在帮助管理人员通过这些功能,提高工作效率;通过报事报修、服务评价满意度调查等与业主建立有效互动、促进社区和谐、优化服务升级。同时,2020年,明德物管App新增"多人考勤、会议中心、会议签到"等功能,会议通知实时推送,提高集团办公效率和整体考勤覆盖率,是集团员工办公的必备工作软件。

(2)学苑管家小程序。这是明德集团面向高校师生自主设计研发的一款应用,依托物联网、移动互联网、大数据等新兴技术,为师生提供报事报修、智能门禁、校园资讯、场地预订等线上功能,致力为广大学子带来丰富多彩、便利快捷的校园生活服务,打造全新的智慧校园。截至2020年12月31日,学苑管家小程序已在超过100所高校进行落地推广,累计用户已超过45万,累计产生工单将近20万,工单处理率高达98%,已成为高校师生常备的校园生活线上服务工具。

2020年12月12日,由中国教育后勤协会、信息化建设专业委员会主办的"第七届中国教育后勤互联网大会暨中国教育后勤协会信息化建设专业委员会(2020)年会"在海南举行,会上揭晓了2020年度教育后勤信息化建设评优活动结果。其中,明德集团荣获"中国教育后勤协会教育后勤信息化建设先进单位"称号;明德集团副总裁董亚夫荣获"中国教育后勤协会教育后勤信息化建设先进个人"。在本次中国教育后勤信息化建设评优活动中,明德集团是唯一一家获奖的后勤服务企业,这体现了中国教育后勤协会及各大高校对明德集团后勤服务工作和后勤信息化建设工作的充分认可与肯定。

(3)至善到家小程序。这是明德集团面向社区业主推出的一款应用,主要包括缴物业费、停车缴费、快捷报修、小区通知、二手市场、至善商城等功能,让业主足不出户即可享受温馨的物业服务和生活服务;以明德·至善云平台为支撑,结合智能硬件落地社区,创建全新的智慧社区。

未来,明德集团还将针对重点业态,继续研发上线服务于环卫业态的至善环卫小程序,服务医院业态的至善医管小程序,依托明德·至善云平台,为每个业态量身定制,线上线下相结合,提高服务品质,提升客户满意度。

4. 系统落地与使用推广

落地应用的第一步,就是在内部全面实现数据电子化。宗旨是让数据多跑路,让用户少辛苦。通过对人力资源、财务管理、运营管理、商业经营和企业发展这五大业务主线进行梳理和优化,以实现办公移动化、流程电子化、数据标准化和业务可视化四大目标。在人力资源业务上,将考勤、薪酬管理和流程管理全都搬到线上来,以达到100%的覆盖率,在提高人力部门工作效率的同时,能有效降低考勤成本和人力成本。

(1)在财务管理业务上,通过建设财务共享中心,以强大的线上财务报表作为支撑,实现预算管理、费用管控、资金共享和凭证自动化。另外,通过推行至善到家小程序的在线缴费、POS机收费和无人停车场的缴费管理,以逐步推行并实现社区无现金化管理。

2020年12月14日,明德集团财务共享中心举行揭牌仪式,正式进驻山东大学(章丘)在线教育研究院,标志着在资金共享中心建设的基础上,明德集团财务共享中心全面启动建设,建成后可实现核算共享、资金共享、税务共享,以及降低成本、提高效率、管控风险。明德集团首先将公司发展重要枢纽财务共享中心设在章丘,以扎实推进明德集团财务工作向智慧财务转型。财务共享中心可以将全国各子公司的财务核算统一化、标准化,集中处理全国各城市公司600余项财务业务,通过共享服务平台实现无纸化、自动化、数据化管理,实现财务管理标准化,加快报销付款速度,提高资金使用效率,全面实现核算共享、资金共享和税务共享,全面提高财务管理水平和管控能力。随着集团总部基地建设的逐步推进,还将建设行政人力共享中心平台,推动管理集约化、数字化,全面打造集团管理的共享生态,实现高效率智慧化管理。

(2)在人力资源管理上,通过在大数据平台上线人才档案报表,围绕不同角色的档案数据进行分析,从而发现人才并与岗位科学匹配。同时上线移动考勤、多人考勤等功能,结合人脸比对、活体检测技术,杜绝考勤作弊,实现全员考勤覆盖。

(3)在企业发展业务线,在获客管理阶段,通过上线项目蓄水池管理系统,实现项目数据电子化,为招投标做好前期准备;在投标管理阶段,通过项目拓展流程对招投标进行管理与记录,同时上线证照共享中心,对招投标必需证照进行在线借还管理;在中标管理阶段,通过项目拓展流程进行中标结果反馈,同时将结果同步至蓄水池管理系统中,用于进行中标率计算及招投标分析,让整个拓展管理形成完整闭环。

(4)在运营管理业务上,通过集中管控、智能工单、巡检功能和仪表管理的全面落地,以提高集团对各个项目的管理职能及总控能力。同时实现项目"蓄水池形成数据—项目拓展审批—项目接管审批—预算计划审批—各项功能模块辅助项目运行—项目撤管审批—资产人员调离审批"的全生命周期电子化过程。

(5)在商业经营业务线上,围绕降本创收来实现数据电子化。通过上线集中采购平台以实现完善的焊材管控和仓库管理,进而实现内部降本。通过至善到家小程序和明享家小程序,将明德商城和居家服务进行整合上线,以实现外部创收。同时,通过上线智慧停车场管理系统、EBA 管理系统及智慧环卫管理系统,对停车场、能耗和垃圾清运等进行数字化管理,在节省成本的同时提高工作效率,以实现创收目标。

(6)还有一些其他的业务线也实现数据电子化,包括云视频会议管理、证照管理和电子公章管理等一系列业务功能,均确保了明德集团的全面数据电子化能落地并投入运用。

明德集团的系统应用,在关键时刻能够快速响应,派上用场。在抗击疫情的战场上,明德集团不仅有一线的物业服务人员在筑牢疫情防控的防线,还利用至善云大数据平台、云视频会议系统、红外测温仪、智能机器人、智能停车系统、明德物业App 等现代科技为抗疫助力。通过"人防+智防"模式,不断升级明德物业防控力量!

明德集团作为目前国内管理高校最多的物业管理企业,一直心系高校的发展与师生的健康,将为高校用户提供更好的服务作为自己的使命。助力全国学校做好疫情防控,严防疫情在校园扩散。明德集团响应国家号召和疫情防控工作精神,遵循"无接触式校园服务"的理念,制定了"数字化校园防疫解决方案",并全力推出"数字化校园防疫系统",依托学校健康信息数据仓和学苑管家小程序,采用智能硬件方式测温,可以实现智能测温、健康打卡、高温预警、健康登记、健康档案、健康报表、数据上报、消息推送及访客管理等功能,与学校一同携手,严防疫情向校园蔓延,保卫师生健康安全。明德集团数字化校园防疫解决方案以"无接触测温+智能化预警"为重点,根据学校不同阶段的需求,研发并在"学苑管家"小程序中上线了适用于学校日常开展疫情防控、隐患排查、数据分析等安全管理的"健康自查""健康日报""线上通行证"等应用,建立学校常态化疫情防线,落实每日两检,做好台账管理,实现体温检测一体化管理,切实、有效控制传染源,为学校师生创造更广阔、更有效的安全屏障。

如何在无法面对面情况下及时触达业主,响应业主服务?如何为业主解决实际又迫切的困难,同时协助政府做好疫情防控?明德集团依托数字化软件管理与服务,通过至善到家小程序,提供线上报事报修、明德商城、线上缴物业费等功能,贯彻落实"无接触服务"的宗旨,全力以赴以细致周到服务筑起业主安全防线,为疫情防控贡献一份力量。

 专家点评

专家问诊一:李风(中国物业管理协会副会长,上海东湖物业管理有限公司总经理)

李风:明德是物业行业的标杆企业,我曾多次就业务问题请教过刘总。标准是高品质服务的保证,怎样保障标准很好地落地是个课题。物业项目分散程度高,人员流动量比较大,光有标准还不够,明德是如何保障标准的执行的?

金艺(山东明德物业管理集团有限公司副总裁):标准落地是企业的关键瓶颈问题,明德曾多维度进行探索尝试,首先保证形式上通俗易懂、易学易用;同时在时效性上要实时验证,培训完成后要跟上验证环节。明德开办的标准小课堂每次30分钟,对某项课题做细致分析,然后对结果进行验证,并鼓励员工创新;最后是在企业中对标准氛围的营造,我们的标准起草组成员都是兼职的,由优秀项目经理和业务主管参与,他们的标准思维在实际工作中也得到深度运用。

李风:在信息科技化方面,明德通过数字化完善体系,想必投入很大,这些费用如何分摊和回收?

董亚夫(山东明德物业管理集团有限公司副总裁):想清楚才能干明白,每年做到什么程度明德都有规划,投入也就有限;另外是学习行业经验,自己不做研发,通过核心的合作伙伴,让费用相对可控和合理。对于投入和回报问题,全行业的转型还处于发展阶段,还无法量化每一分投入的产出,但到第3个阶段(数据驱动阶段),就能清晰地看到投入带来的产出与回报。

专家问诊二:谢建军(中国物业管理协会副秘书长、法律工作委员会副主任,浙江开元物业管理股份有限公司董事)

谢建军:经过十多年发展,明德已经是物业行业的佼佼者,尤其是在高校领域。在标准化的执行中,高校物业是我比较关注的模块,新时代大学生有着个性化的需求,明德在服务和处理好与大学生的关系方面有什么独到见解?另外,明德对于标准化量化产出的步骤安排和阶段性目标是怎样的?

金艺:客户群体不同是校园物业和其他领域最大的区别,我们的服务对象包括教师、学生、家属区住户,以及到校内参与培训学习的客户等,相当于小城市综合体的管理。所以我们对团队成员的基本要求是大学毕业,有校园生活的经历,知己知彼才能理解客户需求。另外,我们会不断调整服务方式,在专项服务和增值服务上做改善和尝试,比如校园一站式服务中心,提供熨烫衣物、配钥匙、存储和加热中药之类的服务。我们也会与校园社团建立联系机制,定期组织环保公益主题活动,增强师生互动,并且邀请学生会成员和志愿者加入。

董亚夫:明德在校园落实标准化的一个案例是爱心宿舍,一般用一楼空闲的房子来打造。学生如果因为受伤无法上楼,就可以选择在一楼住宿。另外,我们还创建了爱心驿站,提供学院管家、创业辅导和收发快递的场地,并且每天供给一定数量的免费咖啡。在衡量产出方面,我们要求所有管理服务都达到100%的移动化、电子化、可视化和智能化,细到每一个城市公司和项目,都分别进行检查。

李风:物业行业经过约40年发展,是愈发成熟,服务品质愈发优秀,业主也提出了更高要求,我们必须不断完善标准。制定标准其实难度不是很大,但因为物业行业人员文化程度整体相对较低,要把标准坚持住,是有难度的。金总所说的标准化是最佳管理工具和手段,这是今天对我最大的启发。标准化氛围的营造也让我感触颇深,标准化是覆盖服务全过程的,值得我们好好学习。开发过程中的"拿来主义"也让我茅塞顿开,今天的分享对行业非常有价值,感谢明德物业。

谢建军:在当前的资本风口,买方市场竞争激烈。明德有这么几个独到之处:第一,对自身的要求特别高,由内而外产生的核心竞争能力让大家看得非常清晰;第二,标准化经历3个大版本迭代,分工很细,不愧为纯市场化的物业公司;第三,落实性强,刘总为很多项目都做过实地考察和总结,充分体现了专业性,尤其在校园管理方面体现得淋漓尽致。通过明德的分享,我们意识到,总体设计上想明白了,做事就会非常精准,不是模糊盲目地去做,能做到有的放矢。有些物业盲目往互联网转型,而明德不忘初心,把数字化作为应用工具,做应用者而不是研发者,有序推进,把握住节奏,这样就不会出现梦想太快而脚步跟不上的情况。对于可实现目标,明德能理性分解,认识得很清晰,没有盲目推进。

专家问诊三:黄茂兴(福建师范大学经济学院院长、教授、博士生导师,全国人大代表)

黄茂兴:在明德10余年的发展历程中,物业企业在推动高质量管理上的作为让我大开眼界。物业与生活密切相关,明德让我看到了一个不一样的物业企业,让我明白物业企业在推进新管理模式上已经非常先进。企业在标准化建设中,标准就是质量。明德当前的发展中还有哪些瓶颈,怎么去破解?数字化转型过程中,有技术的投入,也有资金、人力投入,那么转型中还有哪些挑战?

金艺:标准化建立在优质的基础上,质量管理是基础,标准体系效能与企业发展经营密切关联,品质好不见得非得高投入,品质好的项目效益也可以很好。标准的定位与企业发展要贯通,通过简化统一步骤,减少浪费,实现质量和经营的效益。这里的质量是广义而非狭义的质量。有时候建立的标准体系看起来不连贯,有的是结果导向,有的是过程导向,但其实是相通的,环节打通才能实现均衡。

董亚夫:人性最难改变,是固化思维,越往基层越难落地,这个挑战长期存在,明德要求所有员工要无条件接受和执行。数字化是手段和工具,但它不是万能的,我们不能为了数字化而数字化,每项动作最重要的是创造价值。由业务部门牵头,积极主动推进,才能做到事半功倍。

黄茂兴:通过今天的分享,我看到了物业企业从成长到成熟的进程,看到中国服务产业的理念有了很大提升。明德有强烈的危机意识,通过标准化和数字化,我看到了他们对质量的追求和转型意识,看到了他们的市场开拓意识和远见。十多年的发展,明德不只在基础业务,在高校管理上也很有心得,有很强的个性化、定制化服务意识。

刘德明:各位嘉宾的分享,对我们是鼓励,也给明德指明了方向。明德会继续坚持"四化"发展的理念,按照各位嘉宾指引的方向前进。

黄茂兴:这里要感谢林常青董事长对物业行业投入的心血,投入的关心和支持,这让我非常感动。疫情期间,我所住的小区物业也算尽心尽力,让我深受触动。福建省人大对我们的物业提案高度重视,提案经由全国人大常委会办公厅转交国家税务总局和财政部后,两会期间有人直接和我电话联系。据悉,物业企业增值税减免方面已经有相关政策举措。我告诉他们,我们的意见建议是来源于行业实践和调研分析,目前具体政策要和财政部沟通,对于结果他们会实时与我反馈,我也会及时反馈给各位。

在线分享

1. PPT
(1)标准先行 标准化建设为质量管理夯实有效基础

(2)拥抱科技 管理数字化助力明德物业高质量发展

2. 视频
(1)金艺:标准先行 标准化建设为质量管理夯实有效基础

(2)董亚夫:拥抱科技 管理数字化助力明德物业高质量发展

(3)刘德明:明德物业高质量发展的"四化"战略经验分享

(4)专家问诊:杨熙、李风、谢建军、黄茂兴

第四章

园区物业服务

学习目标

1. 了解物业服务细节与业主关注点对提高物业服务满意度的重要意义；
2. 掌握亲情服务和增加业主服务黏性，以及关注点服务、细节服务的方法与技巧；
3. 熟悉通过园区服务体系建设提高业主满意度，增加园区经营性收入的方法。

学习指导

学习本案例，首先要认识到让业主满意是一个系统工程。业主在物业使用过程中的体验感不仅与享受到的软件服务相关，更与硬件品质息息相关。应扎实做好基础物业服务，认真听取业主对物业服务的合理化建议。其次要掌握园区触点服务的理念与方法。服务始终围绕业主需求，关注触点服务，从项目前期设计营造、销售服务到后期的服务运营和售后服务四个节点全程做好客户关系维护，实现物业全生命周期服务，在细节中赢得业主对产品和服务的正面评价，提高客户满意度。再次要掌握基础亲情服务、园区生活服务、智慧园区服务三种服务模式的主要内容，以及六维品质管控体系的做法要点、行业发展建议。最后要掌握在"共建、共治、共享"的社会治理新格局中，与时俱进，以变应变、适变、迎变的方法，保持企业的活力，发挥应有的服务效能。

案例4：绿城物业服务：品质服务的道与术

案例材料

一、公司简介

绿城物业服务集团有限公司（以下简称"绿城服务"）于1998年10月成立，是一家以物业服务为根基，以生活服务与产业服务为两翼，以智慧科技为引擎，数字化、平台化、生态型的现代服务企业。2016年，绿城服务在港交所主板正式挂牌上市交易。绿城服务秉承"真诚、善意、精致、完美"的核心理念，坚持"以人为本"的服务宗旨，顺应时代趋势、响应客户需求、快速迭代进化，以业主满意度作为衡量业务的标准，不负期许，奋发向前，不断满足人们对美好生活的追求，致力于做城市生活福音的传播者和"幸福生活服务商"。绿城服务围绕人的全生活场景、房屋的全生命周期，构建满足未来社区愿景的全生命周期服务链，得到业内高度认可。已与近千个房地产商、政府机构建立合作关系，为其开发或经营的住宅、写字楼、产业园、酒店、学校、保障房、城市综合体、医院、银行等提供物业管理服务。截至2020年6月30日，绿城服务已覆盖全国30个省（区、市），进驻163个城市，总合同服务面积约4.78亿平方米。

二、案例背景

物业是一个充满希望的行业，一个生机盎然的行业，一个共享共荣的行业。物业人有着对精细服务、美好生活孜孜不倦的追求，在这样一个行业向好、服务向善的美好时代下，绿城服务应当始终坚持品质为先，与业主、行业成为美好生活共同体。

毋庸置疑，服务的竞争，归根结底是品质的竞争，好的品质需要社会、行业、业主和全体物业人共同营造。过去，物业企业围绕房地产提供服务。随着人民对美好生活的需求不断增长，未来，物业企业将围绕房子里的人服务，业主对物业服务的消费需求升级，追求服务品质感和服务丰富度的双向提升。

园区是社会的细胞，物业服务已成为城市管理的重要组成部分，其服务水平已经成为衡量城市管理水平的重要标志。为此，绿城服务从三代产品的"服务之心"、六维品控体系的"服务之行"到防疫抗疫的"服务之战"，通过把园区服务产品提供给业主，提升业主的精神面貌和文化素养，提升园区的和谐程度和文明程度，为建设幸福社会承担应有的责任。2018年，为了更好地落实以"幸福生活服务商"为愿景的战略规划,绿城服务基于基础物业服务、咨询服务、园区生活服务"三驾马车",调整优化组织架构,形成"三位一体"新格局。其中,物业集团是发展基石,以物业管理为主营业务,涵盖业务拓展、案场服务(E.O)、前期介入、前期物业管理、物业管理服务等业务单元。咨询集团是发展动能,以资产增值服务生态链为核心定位,涵盖咨询服务、联盟服务、资产服务、租售服务、销售服务、产业服务、商业服务。生活集团是发展方向,围绕业主全生活场景,以为物业增值为导向,布局核心服务生态,涵盖文化教育、健康养老、到家服务、新商业、资产运营等业务单元。以上三大品牌在绿城服务中各自独立,但又是共生、共荣、共赢的生命共同体。不同的产品策略,不同的亮点设计,不同的品牌定位,让客户对于产品的品牌特征有了更深刻的记忆。同时结合对产品本身的打磨,真正做到产品立身、品牌为魂、有口皆碑。

三、内容框架

1. 主要依据

2020年,新冠肺炎疫情使国内经济受到严峻考验,企业遇到了前所未有的危机。习近平总书记强调要加快形成以国内大循环为主体、国内国际双循环相互促进的新发展格局。

过去,生产在国内,销售到国外。而内循环时代,产供销都在本国完成,整个产业链、消费端都在国内,大大减少了外部依赖。但是,产能过剩的问题仍然存在。所以,内循环的真正内核是:产业升级,提高产品与服务的附加值,重塑企业生存发展生态。

在这样的大背景下,物业行业也需要进行产业升级、与时俱进。伴随着中国新中产群体的崛起,消费升级成为大势所趋,加上AI、5G、物联网、大数据等新一代信息技术的驱动,高端化、健康化、智能化必然成为企业品牌突围的正确发展方向,也是物业行业发展的方向。

2. 内容要素

(1)绿城服务的内循环发展之路。那么,与物业企业的关联是什么呢?总的来说体现在两个方面:一是在以内生市场为主的新一轮竞争中,如何抓住机遇进一步做大做强,是摆在每个物业人面前的课题;二是在国家宏观层面,以内循环的方式发展经济,从而维持社会经济的有序运转,是未来产业趋势主线。作为国家经济单元的企业,应该首先做好自身的内循环。而作为国内物业行业的头部企业,绿城服务早已开启了具有绿城特色的内循环。由于行业的特殊性,绿城服务从诞生之日起,所面临的就是有限的市场和激烈的竞争。因此,从基因上看,绿城服务的发展之路就是沿着内循环的思路而产生的。

(2)以科技化支撑全生活场景、全生命周期服务。在全生活场景服务体系中,绿城服务不断强调科技和运营的结合,在运营体系方面做了比较多的体系搭建工作。首先是智慧社区,打造社区"最后一米"精细化运营和治理标杆,强调人本化、数字化和生态化。疫情期间,进一步看到"最后一米"的作用,把科技、数字化落实到社区治理和服务中。其次是智慧园区,主要打通企业的全发展周期和人的全生命周期,把企业成长和员工结合在一起,做到兴业、惠民,有效促进园区发展。最后是智慧楼宇,主要为城市高端写字楼智能化和提质增效发挥作用,打造安全、高效、便捷、智能、绿色的智慧楼宇,让楼宇更具市场竞争力。

(3)关注消费升级,推动"品质"向"品牌"升级。业主对美好生活的需求越来越高,消费升级的趋势越来越明显,物业企业仅注重"品质"还不够,"品牌"地位将逐步凸显。在这样的背景下,业主重新审视市场、要求更换物业企业的现象越来越频繁,这也是物业服务市场的机遇和挑战。2016年底,绿城服务在接管杭州凤雅钱塘项目前5天,集结500多名秩序维护员、250多名保洁员、100多名绿化工,清除150多车垃圾、更换120个垃圾桶和1198个灭火器,迅速打响"逆袭第一炮"。经过10个月的整改,小区焕然一新。接管3年后,该项目房价从周边最低到超出周边,完成逆袭。

(4)以文化驱动,注重品牌长效机制建设,形成不同特色的系列品牌矩阵。2018年以来,绿城服务以业主为中心,以文化为驱动,逐步将服务转化为产品,产品转化为品牌,品牌转化为价值,打造均衡、稳定、长效的品质体系,构筑坚固的品质力及产品力。同时,在绿城服务的内循环基础上,打造在统一的企业宏观战略引领之下,分别侧重于人(物业)、企业(咨询)、消费(生活)的三大经济实体,形成各自具有不同属性的产品,进而形成不同特色的系列品牌矩阵,为企业和业主创造出更多价值。

四、主要的成果及经验

(一)绿城品质服务之道

当前很流行一个词——"内卷",是指外部资源稀缺导致的过度内部竞争。可以预见的是,接下来"内卷"的情况将会越来越频繁地发生。那么,如何在这种情况下突围? 笔者认为唯有差异化发展。从差异化、专业化、生态化的角度发力,让市场看到我们,接纳我们,并选择我们。

因此,绿城服务提出了"服务产品化、产品品牌化、品牌价值化"的发展战略,以期实现绿城在物业服务领域的新突破。

第一,服务产品化。在绿城服务的产品结构里,好的服务产品可以分为三个层次,即核心层、有形层、延伸层。其中,核心层强调的是温度。具体来说就是"以人为本、需求至上"。无论何时,都要将客户的需求摆在第一位。因此,绿城服务围绕这一宗旨,提出了"长期主义""专业主义""数据主义""共生主义"的服务理念,目的就是要为客户打造有温度的服务。

而有形层无论服务的形式如何改变,绿城服务对高品质服务的坚持都不会改变。从1995年到2007年,再到2015年,绿城服务从只保障"物的安全"的物业管理商,发展到重视对"人的关怀"的物业服务商,再转型为对空间和社群进行资源整合的生活服务商,对于品质和安全的重视贯穿服务始终。这是绿城服务的浓度,也是企业发展真正的基石。

延伸层在温度与浓度上保障了服务产品的质素后,还不能停下脚步。从横向布局上来看，在商务写字楼、住宅的智慧运营等领域协同发力，填补细分领域战略市场高地。从纵向连接来看，在人和物的全生命周期维度提供适应市场的产品，进而打造产业集群。由此，通过纵横双向发力，立体化、多维度地拓宽绿城产品的生命线，让绿城的服务产品能够更加贴近大众生活，保障客户需求。

绿城服务二十多年来积累了丰富的服务经验，各个业务模块都有着丰富的产品内容。基于用户需求、市场趋势、企业愿景和集团战略划定产品的定位方向，根据不同的业务类别、产品业态、服务专业线等维度整合形成"四大产品系列""五大产品模块""四大产品类别""二十个服务品类"，涵盖案场、管家、保安、工程和整体运营等多个服务模块。

而且，绿城服务随需而定，站在用户角度，通过人本文明和科技驱动，营造清晰有感的体验氛围，构建满足不同用户需求的美好服务体验圈。

总而言之，服务即产品，将服务产品化，推向市场，让更多人享受到高品质的产品和服务，将是物业服务行业未来的发展方向。

第二，产品品牌化。在形成产品后，亟须做的是提高客户对于产品的认知度，亦即大家所说的打造品牌。要将一种产品或服务品牌化，就必须向用户提供产品的标签及品牌的意义，创造出这个品牌的差异性。

那么，怎样做品牌？品牌是将企业核心价值注入产品和服务，形成由内部行为到市场行为的价值链条。建立强有力的品牌，就是要随着时间的推移不断设定、实现或超出期望，如此反复循环。这是品牌的内涵，也是绿城服务在品牌化上的基本原则。

绿城服务成立二十多年来，一直秉持"真诚、善意、精致、完美"的品牌核心理念，致力于为广大业主提供充满人文关怀的服务，在不同的时代背景下创新转型，战略定位逐步由过去的基础物业服务商向科技化、平台化、生态型的大型生活服务集团转变，并最终确立了"幸福生活服务商"的全新品牌定位。

作为行业的头部企业，绿城服务在品牌战略制定上一直将行业发展的前瞻性与整体价值观塑造融合，不仅站在本企业发展角度开展经营决策，而且希望跟众多同行一起，在引领"中国服务"新型行业秩序这一时代大命题上，开创全新理念，用企业的必然高度去提升整个行业的可能高度。

关于绿城服务的品牌架构，绿城服务一直以"幸福生活服务商"为企业愿景，基于基础物业服务、咨询服务、园区生活服务"三驾马车"，调整优化组织架构，形成"三位一体"新格局。

其中，物业集团是发展基石，以物业管理为主营业务，涵盖业务拓展、案场服务（E.O）、前期介入、前期物业管理、物业管理服务等业务单元。咨询集团是发展动能，以资产增值服务生态链为核心定位，涵盖咨询服务、联盟服务、资产服务、租售服务、销售服务、产业服务、商业服务。生活集团是发展方向，围绕业主全生活场景，以为物业增值为导向，布局核心服务生态，涵盖文化教育、健康养老、到家服务、新商业、资产运营等业务单元。

以上三大品牌在绿城服务中各自独立，但又是共生、共荣、共赢的生命共同体。

不同的产品策略,不同的亮点设计,不同的品牌定位,让客户对于产品的品牌特征有了更深刻的记忆。同时结合对产品本身的打磨,真正做到产品立身、品牌为魂、有口皆碑。

第三,品牌价值化。企业要想做到价值化,需要达到"员工满意、业主口碑、行业认同、社会认可"这几个目标。只有在此前提下,价值化才具备其应有之义。前人走过的路告诉我们,产品一旦形成品牌,就会成为推动企业发展的新动力,给企业带来巨大的回报。

自2001年绿城开始拓展第一个非绿城房产开发项目以来,绿城服务就打开了市场化的道路。不依赖于房产企业的关联地位,而是用服务品质去直面竞争。坚持"以人为本"的服务宗旨,秉承"服务改善生活"的服务理念,为业主提供充满人文关怀的服务。在所有绿城人的不懈努力下,如今在广大业主心目中,绿城提供的服务意味着品质保障,品牌化也终于结出了丰硕的果实。同时,绿城服务尽力将品牌价值最大化,以品质联盟的形式输出绿城服务的产品和服务,与行业共同发展。

在"内循环"的品牌策略之下,绿城服务实现了"服务产品化、产品品牌化、品牌价值化"的品牌战略目标,形成了"物业、咨询、生活"三大品牌谱系,并在此基础上,构建了从产品到品牌再到价值产生的完整循环价值链。在"内循环"的宏观经济策略之下,物业行业的发展将会迈入新的发展阶段,通过产品和品牌的重新整合与优化,有想法、有实力、有作为的企业将会加速发展,在新的竞争中脱颖而出,成为市场未来新的主流。

(二)绿城品质管控之术

"品质关系企业生存、发展。品质领先进步,则企业生;品质失控退步,则企业亡。不讲品质的发展,不是长久的发展。不重视品质、不讲究品质,也是无视自己的尊严、无视团队的艰辛与努力、无视公司的未来。"(《绿城服务企业文化读本》)

绿城服务上市之后的业绩,一直秉持稳健的基本面。绿城服务在此过程中修炼公司治理策略,除了理论正确引导、数字化治理、总结与应用历史经验之外,还有最主要的一条是,将绿城文化贯穿在管理行为之中。

打开上市公告可以看到,上市之后,绿城服务规模化发展属于基本要义,却审慎实施收购项目,并非市场没有匹配的标的,而是在实践中发现,文化鸿沟可以通过治理手段搭桥架路,文化基因的养成却非一蹴而就。文化基因是管理中一个特别重要的因素,即绿城文化信奉的"同道共识,方为同仁"的律条。文化筑堤,也相当于拓宽了其服务与管理基因品质的护城河。

经过20多年的探索和实践,绿城服务始终顺应时代趋势、响应客户需求、快速迭代进化,致力于做城市生活福音的传播者和中国最具价值"幸福生活服务商"。已与近千个房地产商、政府机构拥有合作关系,为其所开发或经营的住宅、商务写字楼、产业园、酒店、学校、保障房、城市综合体、医院、银行等提供物业管理服务。从基础物业亲情服务体系1.0版、园区生活服务体系2.0版本到智慧园区服务体系3.0版本,绿城服务历经三代服务产品的迭代升级,不断为业主提供多元化的服务,提升园区生活的便捷度和居住幸福感。

绿城服务在体系建设上紧紧围绕"以房地产全生命周期为主线的物业全生命周期服务体系"和"以人的全生命周期为主线的业主全生命周期服务体系"。物业全生命周期服务主要是对房地产开发建设单位的物业规划建设等进行全程管控（包括项目立项、规划设计、建设营造、营销展示、竣工验收和交付入住等）。业主全生命周期则更多指向生活在园区的业主和物业使用人，园区生活服务体系创建一条从少儿至老人、从医疗至殡葬、从学前教育到老年大学，围绕人的全生命周期进行服务的服务链条。在2012年前后已基本形成适用于不同年龄特性的系统产品，力求让孩子们呈现活力、成长、快乐，让中年人感知温馨、舒适、便利，让老年人得享安逸、祥和、充实。

1. 基础物业亲情服务体系1.0版本

在传统基础物业服务上，绿城服务追求服务过程中的业主体验与感知，追求服务亲情化，注重触点服务，致力于让业主感受亲人般的温暖与关怀。绿城服务倡导业主即是家人，为家人营造，更为家人服务，这是绿城服务始终坚持的理念。亲情服务是物业服务从"满意服务"到"感动服务"的跨越，用心做事，向业主提供个性化服务，从满意达到感动；用情服务，在服务过程中，处处时时动之以情，以达到让业主满意、让业主惊喜、让业主感动的效果。

绿城服务于2012年制定了《亲情服务手册》，旨在提供更贴合业主需求的服务，并通过多年实践检验，深受业主欢迎。《亲情服务手册》体现了对家人服务和人文关怀的重要保障，通过节日关怀、生活关怀、重点关怀和园区活动策划，将人性化的服务贯穿全年物业服务，并随服务过程不断充实和丰富服务内容。目前，已经形成以下成熟的亲情服务（共15项，仅列出10项主要亲情服务）：

(1) "喜气洋洋"乔迁服务；
(2) "绿色养生"健康服务；
(3) "相亲相爱"便民服务；
(4) "宾至如归"迎送服务；
(5) "亲亲家园"回家服务；
(6) "爱心天使"宠物服务；
(7) "夕阳无限"关爱服务；
(8) "安枕无忧"宁静服务；
(9) "花好月圆"婚庆服务；
(10) "知寒问暖"温馨服务。

针对亲情服务，绿城服务制定了重点关怀关爱系列服务。生活关怀，绿城服务关注身边事、关怀业主生活，炎热的夏天，为业主的汽车挡风玻璃覆盖遮阳板；寒冷的冬季，为业主的家门把手"戴上"手套，还不忘挂上一张温馨服务卡——"绿城服务，暖心到家"。重点关怀，在特殊时间、对特殊人群重点关怀，比如中高考关爱（爱心助考），每年到了中高考的时候，绿城服务都会组织"爱心送考"车队，为园区考生做好心理辅导，确保考生准时抵达考场。绿城服务还组织了开学吉祥、我是家园小卫士等系列活动，为小业主们带来体贴和关怀。节日关怀，在一些传统节日，倡导对各类人群的关爱,通过节日布置、礼品赠送、活动组织等形式在园区内传递快乐。无论是传统节日还是法定节日,绿城服务都会为园区业主献上一份节日的祝福或问候,哪怕是一份元宵、一袋粽子,或是一碗腊八粥;一个个短暂的服务场景,体现的却是绿城服务的暖心到家。

在绿城服务的园区内,独居、残疾、智障老人都被列入重点关怀对象,这类业主是园区食堂、管家照料的特殊群体,享受着无忧的服务体验。

在杭州绿城·桂花城,有这样一个车管班,他们在日常工作之余,自发帮助老年业主,1000多个日日夜夜,默默付出,无怨无悔。

2011年2月的一天,杭州绿城·桂花城物业服务中心余经理在例行拜访业主中得知,园区南屏苑80多岁的余老瘫痪在家,照料他的只有他的太太毛老师一人,每天翻身、擦洗、喂药、按摩、做康复锻炼,这些事对于年事已高的毛老师来说,实在有些吃力。

回到物业服务中心,余经理立刻召集车管班队员说了余老一家的难事,并表达了帮助老人的想法,队员们二话不说表示赞同。此后的1000多个日夜,车管班队员每天两次,上门帮助余老翻身、擦洗、喂药、按摩、做康复锻炼。早上8点15分、中午12点30分,队员们都会准时出现在余老家,刮风下雨、逢年过节,从未间断。

有天夜里,物业服务中心接到余老爱人毛老师的求救电话,得知余老吃东西的时候不小心食道噎住,喘不上气来。放下电话,车管班三名队员二话不说火速赶到,鱼师傅更是背起余老往医院跑,所幸抢救及时,余老挽回生命。

因为途中颠簸,余老吐了鱼师傅一身。事后,鱼师傅说,那天印象特别深刻,因为自己刚换上新的工作服。"当时都没发现衣服脏了,医生说,再晚5分钟送来的话,后果就不堪设想了。"在余老住院的日子,车管班队员轮流去医院探望。"小区保安还关心你的病情,我真是从来没见过。"隔壁床的病友说。

数年来,余老和老伴得到了车管班队员们无微不至的照顾,队员们像家人般对待他们,没有半句怨言。余老曾多次感动落泪,他的家人用现金和物品对车管班表示感谢,但大伙儿都谢绝了,表示"这些都是应该做的"。

后来,余老的单位听说此事,非常感动,送来一封以单位名义写的感谢信,表示"物业和业主亲如一家人,在业主最困难的时刻,能出手相助,并且持之以恒,难能可贵"。

其实,杭州绿城·桂花城车管班帮助老人的事情还有很多。多年前,八旬业主严先生从上海回到萧山南站,行李太多拎不动,给物业服务中心打电话,车管班队员立刻放下手头工作,前往帮忙。后来严先生中风,车管班队员每天上门喂饭、抬床、擦身,甚至换尿布,一做就是半年。现在严先生已经去世,他的太太黄阿姨把严先生用过的轮椅捐赠给物业服务中心,希望可以帮助到更多有需要的老年人。

在杭州绿城·桂花城,大家把车管班称为"保姆班",除了园区车辆的管理外,车管班还要处理园区业主的大小事。现在,车管班的爱心行动感染了很多人,渐渐地,园区"保姆班"被越来越多的绿城服务人知道,帮助老人的队伍也越来越庞大。

绿城服务人待业主如家人,始终怀有一颗真诚之心,如桂花的清香,沁人心脾。

(摘自《唯有家人最珍贵·绿城服务故事》)

经过多年推行实施的亲情服务,已然成为绿城服务的常态化管理模式。通过常态化亲情服务、全国亲情服务联动等丰富服务内容。充满人文关怀的亲情服务一直作为绿城服务的亮点,赢得广大业主的认可、满意和忠诚。

2. 园区生活服务体系 2.0 版本

绿城品牌创始人宋卫平先生认为:"我们的产品并非仅仅指园区的实体和硬件部分,还包括无形的软件部分,两者不能分割。所谓服务,是针对人的,就是对于住户的一种亲切和有效持久的影响,生活品质的影响。"

自 2007 年以来,绿城服务分别邀请明道、盖洛普、浙江工业大学房地产研究所等机构对业主进行物业服务满意度和服务需求专项调查。调查发现:业主对物业服务中的保洁、安保等基础服务内容比较满意,而更多地对健康、文化教育、生活等专项服务提出了诉求。所以绿城服务认为,需要将服务的关注点转化到"人的服务"和"物的管理"并重,以满足业主的身体和精神需求。

因此,绿城服务在亲情服务的基础上,为满足业主的个性化需求,通过融合健康、文化和居家生活,打造以客户生命周期为横轴、以生活用度为纵轴的园区生活服务体系。

"房子只是生活的容器,生活和服务才是核心。"绿城服务对"生活"的追求一直没有停下脚步,特别注重"一老一小"的需求满足,推出关注长者业主的红叶行动、长者服务体系,关注少儿的奇妙社、"海豚计划"、"木荷计划",关注邻里的"绿之恋"文艺晚会、邻里节、颐乐学院,探索共治共管的幸福里。这些活动,穿透社区的无序、疏离与陌生,让家更安全、更温暖、更亲密。

绿城园区生活服务体系,是一套以满足人的身体和精神需求为出发点,通过提供包括健康、文化教育、居家生活三大服务系统,进而不断持续影响和提升园区业主生活品质的综合全面的服务体系,是园区物业管理的升级换代,更是房产价值的延伸和提升。通过居家生活服务系统,致力于满足业主便民服务的需求,改善业主的日常生活;通过文化教育服务系统,致力于营造浓厚的园区人文氛围,丰富业主的精神生活;通过健康服务系统,致力于改善业主的生活方式,提高业主的健康水平。

如果要用几个关键词来描述绿城园区生活服务体系的特征,那就是温馨、互动、可持续性。是对业主全生命周期的全面、创新的关怀服务,是美好生活福音的传播者。

无论是刚出生的婴儿、懵懂的少年、有为的青年,或是年过花甲的老人,在绿城都可以享受到教育、就业、生活和康养方面的服务。

1)"海豚计划"源自一个朴素愿望

作为高端住宅开发商,绿城服务从20世纪90年代末就在楼盘中设计游泳池。这些铺着天蓝马赛克的漂亮游泳池,已成为许多小区的欢乐中心。业主们只要坐着电梯下楼,便可到碧蓝的池水中畅游,累了还可以在池边的休闲椅上喝喝饮料,真是太惬意了!

许多绿城的小业主不会游泳,这未免是一个遗憾。业主表示:"每当看到有孩子溺水的报道,我都会胆战心惊。"有一次,宋先生打量着楼盘里的游泳池,轻声感慨道:"希望这种事情在绿城的园区永远不要发生。"正是这一朴素的愿望,成为"海豚计划"实施的初衷。绿城"海豚计划",一项国内规模极大、影响力极深的社区公益服务项目,于2009年正式诞生,在2017年获得"在中国最多城市举办的青少年游泳培训公益活动"的吉尼斯世界纪录认证。每年夏天可谓是全员参与,从培训前的上门动员,组织体检、参加保险,排班分班,到游泳池的严格审查、培训机构的层层筛选,事无巨细,精心排布。2020年,更是对每位教练提前做核酸检测,并招募"幸福里"志愿者进行安全守护。在许多"海豚宝宝"眼中,游泳是一种技能学习,更是一种莫大的快乐,和水有关的一切事情都充满奇趣。由绿城服务、教育、医疗、健康等部门组成的庞大"后勤部队",成为游泳池边最醒目的风景。在每年"海豚计划"启动之前,从教练配备到安全事项,再到免费赠送保险、防暑降温物品,以及安排车辆接送等,对每一个细节绿城都要反复论证,力求达到完美无缺。每年的7—9月份,"海豚计划"如期而至,绿城在国内服务的各个园区进行全国联动,只要是符合培训条件的小业主,都能免费享受这项服务。"海豚计划"被广大业主认可并踊跃报名,良好的口碑与服务得到了数量上的呈现,"海豚计划"已然成为绿城园区生活服务体系的重要组成部分。

2)"长者服务"体系老吾老以及人之老

绿城服务推出的"长者服务"体系,包括"颐、乐、学、为、居"五大服务类别、百余项服务内容,涵盖业主从身体到精神方面的各种需求,受到广大长者及其家人的认同与赞誉。同时,绿城服务根据长者情况,提供从自理、半自理到护理的全过程健康保障,量身定制细致入微的服务内容,如药箱整理、管道检查、代办邮寄、衣物送洗、家电保养……

绿城服务"以真诚之心,为长者创造更好的生活",倡导全社会对长者的关爱。

2015年重阳节,绿城服务推出针对长者的"一碗长寿面"活动,为园区每位60岁以上的老年业主送上一碗由服务人员亲手烹制的长寿面,希望他们在绿城园区能长长久久、健健康康,活动深受全国各地的老年业主好评。

从2016年开始,绿城服务每年在部分地区开展"长者免费体检"服务活动。除此之外,还通过颐乐学院、俱乐部、社团以及配套设施,让长者身心愉悦,实现人生价值。

"绿之恋"文艺晚会是绿城长者系列品牌服务活动的重要组成部分,自2004年起,逐年延续。晚会旨在营造具有绿城人文气息的居住氛围,为业主提供发展兴趣、展示自我的平台,激发业主对园区文化活动的积极性,更是园区和谐、理想生活场景的浓缩,同时提升绿城品牌美誉度及影响力。每年的11月份,"绿之恋"文艺晚会全国启动,家人们用不同风格的表演形式,演绎着对美好生活的赞许。"绿之恋"文艺晚会是绿城园区社群文化建设不可或缺的组成部分,也是绿城家人自导自演的"春晚"节目。

3)"绿城幸福里"打造共建共治共享行业样板

绿城服务一直以来重视业主的感受,虽连续12年获业主满意度第一,但近年来服务的同质化非常严重。2018年9月,绿城服务与清华大学进行共治理论研究和试点,"绿城幸福里"应运而生,迅速出圈,引发专家及媒体关注。"绿城幸福里"是以邻里文化为主线,营造业主共建共治共享的幸福园区。在试点过程中,杭州深蓝广场推出了"安心社区"黄金四分钟生命支持计划,组建了一支急救队伍,队员由业主、物业保安、社工等自发组成,首批总共51人,经过了急救培训,并取得了由美国心脏协会颁发的"Heartsaver"急救证书。

老年人突发心脏病、小朋友被食物噎住……这些紧急情况的有效施救时间在4分钟以内,有了这支"家门口"的急救队伍,就有希望抓住救护车到来前的黄金抢救期。深蓝广场的"幸福里里长"、业主代表田玉平介绍道:"我们园区共有400多名业主,参与安心社区急救培训的就有200多人,相当于每两户就有一个懂急救知识的人。"也正是因为"绿城幸福里",绿城服务筑造了业主委员会、政府及业主共建共治共享的新文明时代下的示范样本。

"绿城安心社区生命支持计划"引进国际标准,建立社区急救响应机制,使得社区具备基础的生命支持功能。在120救护车抵达前,使急症患者能够得到包括心肺复苏和自动体外除颤器在内的救助,通过第一时间、第一现场,发现、判断、呼救、急救处置、陪伴监护、接应120救护车……实施包括心肺复苏在内的必要急救,为辖区居民提供生命安全保障,让社区生活更安全、更安心。安心社区的组成和功能,体现了宋卫平先生对于未来社区的构想:"让更多业主参与到生活服务中来,每个人都能自治自为,人人都是服务者,人人都是被服务者。"

"绿城幸福里"成为绿城服务的竞争价值所在。2020年,绿城服务围绕"安全""品质""文化营造"三条主线,继续做好产品的策划与赋能,重点抓好组织与落地,并由此形成更多的实践样本。

目前,已经有224个绿城园区成立了"绿城幸福里",有16894人成为"绿城幸福里"志愿者,选任里长117人、楼长1744人、单元长1749人,越来越多的业主加入了"绿城幸福里"的团队中。业主从"监督者"变为"共治者"。

一个个宏观数据背后,是一个个活生生的个体为美好生活的守护在努力:这里,有身披橙色"绿城幸福里"志愿者制服、每天与保安合守卡口的坚守,有全体居民居家隔离期间在阳台上挥舞国旗、合唱《我爱我的祖国》的昂扬,有不同属地不同园区里长接力运输1.5吨防疫物资的努力……这些志愿者的行动,织密了防疫联防联控的网络。疫情之后,一些特殊的应急措施会被留下,一些业主需求的痛点会得到精准施策,一些业主参与服务园区的习惯会被沉淀,变成自发、自理、共治、共享,持续在社区发挥作用。

2019年,"绿城幸福里"志愿者组织,已覆盖全国1046个园区,招募近12万名业主志愿者,开展15000余次志愿活动,涵盖安全巡查、儿童照看、老年守护、文明督导等内容,以服务带动服务,用共享激荡情怀。在"2019物业服务企业品牌发展论坛暨全国物业管理行业媒体工作交流会"上,绿城服务凭借良好的口碑、强劲的品牌竞争力及品牌溢价荣获"2019物业服务企业品牌价值50强",其中"绿城幸福里"业主自治模式还获得"2019特色物业服务品牌"殊荣。

现在的"绿城幸福里",是绿城园区自治共管文化的厚积薄发。业主共治组织作用多发挥一分,园区治理成效就多提升一层。在这个过程中,业主才是主人,是园区的执权者和守护者,而绿城是点火器,是服务者和推动者,要做好平台,让业主进行较为充分的自治共管。

"一个社会的文明,是由一个个社区的文明组合而成的。绿城服务探索出的'绿城幸福里'模式,方向上是向善向美的,但它的可持续的动力,除了自我愿力、公共服务的兴趣,可能还有整个社会的瞩目。在此次疫情中,物业企业与社区、业委会、业主共同织就的基层社区防疫网成为最坚实的战线,也凸显了物业企业在基层社会治理方面的作用。"绿城服务董事局副主席杨掌法先生表示,绿城服务将继续以"绿城幸福里"为载体,在生态化、数字化、专业化上发力,让社区更美好,让社会更美好,让城市文明惠及更多人。

随着中国逐渐步入老龄化社会,据悉全国有2.24亿60岁及以上老年人口,其中失能、半失能老年人口总数高达4063万。养老、助老问题成了一项严峻挑战。让一户家庭助老容易,让所有人齐步走不容易。关爱助老,离不开一套精细的社会共治体系。

每个人都有被帮助的需求,通过帮助别人来获取别人的帮助,是一种科学、美好并易于持续的方式。志愿者将参与公益服务的时间存进时间银行线上平台,当自己遭遇困难时再从中支取"被服务时间"。时间银行模式,鼓励"绿城幸福里"志愿者通过邻里互助、助老助幼、邻里搭车、宠物看护、帮送快递等公益服务,也就是把年轻时公益服务的时间存起来,等将来自己老了、病了或需要人照顾时,再拿出来使用。根据这种模式,劳动不分贵贱,每个人的工作时间都是平等的。

"'绿城幸福里·时间银行'希望借助公益的力量,用积极努力生活的姿态,守望相助。"牵手关爱助老服务中心负责人韩春女士表示,"让所有服务者与被服务者,领略和发现人生所有的时间,都可以拥有像四季一样,春有百花秋有月、夏有凉风冬有雪的美好。这是一件非常有意义,又非常有尊严的事情。"

"绿城幸福里·时间银行"相信园区的共治氛围来源于每一个小共同体的联袂前行。未来,将有更多与"绿城幸福里·时间银行"合作的公益组织,"绿城幸福里·时间银行"也将走进其他园区,为更多的业主带去健康类、文化类、艺术类等公益活动。

3.智慧园区服务体系3.0版本

科技是第一生产力。2020年,绿城服务践行"科技绿城"战略,持续加大在科技研发、应用、产业化方面的投入,建立"以服务系统、技术系统和共治系统为依托,服务方式、管理方式、生活方式三位融合"的智慧园区服务体系。

智慧园区服务体系是对园区生活服务体系的传承和发展,是在园区生活服务体系的基础上,通过大数据平台的建立、智能设施设备的引入、移动互联网及应用程序的推行,让业主方便地获取健康、文化教育、居家生活等各项服务,实现人与物、人与自然、人与人、人与社会的高度互通,提升业主的生活便捷度、服务参与度和居住幸福度。

绿城智慧园区服务与基础物业服务相互协作和叠加,共同为业主提供便捷、健康、安定、和睦的生活,为业主带来安全、便捷、现代化的品质享受。自2014年起,绿城服务积极融入"城市大脑""未来社区"的科技化生态规划布局,一直走在示范前列,多年来致力于强化智慧物业服务能力建设。绿城智慧园区服务体系提供的服务已涉及方方面面,让服务更便捷、让生活更安定、让生命更健康、让邻里更和睦。

下面简单回顾一下绿城服务在智慧园区建设方面的精彩历程。

1)布局智慧服务,致力于打造"未来社区"

2014年,绿城智慧园区服务体系首创。

2015年,6个绿城项目入选国家智慧城市试点。

2017年,与住建部、中国城市科学研究会共同编写的《智慧园区建设指南》正式发布。

2018年,主编的《中国智慧社区建设标准体系研究》出版。

2019年,"未来社区服务与治理关键技术研究与应用示范"项目获得浙江省重点研发计划项目立项,入围"2019首届中国智慧物业管理创新大赛",并入选《2019智慧物业管理调研报告》。

2020年,加入"未来社区"战略项目组。

2)绿城驿站打通"最后一米"快递服务

2016年,绿城驿站启动,已覆盖全国近700个项目,仅2019年,就免费提供2140万余件快递的存取及通知服务。

绿城驿站的快递服务系统无缝对接各大快递平台。绿城业主可通过二维码一码取件或托人代取;快递超过24小时不收费;物业为行动不便者提供送件上门服务,让业主享受"最后一米"快递服务。

绿城驿站不仅保护业主隐私,避免同第三方合作导致的信息泄露,更便于物业为业主提供精准的品质服务。

3)人机合力迎战超强台风"利奇马"

2019年8月,超强台风"利奇马"登陆,绿城服务按《防台防汛防雷应急预案》标准,启用"鹰眼"系统监测各个风侵点,通过传感设备,将关键部位的积水与异动处在后台或手机上弹出,给风雨中奔忙的员工提供精确方向,人的勇毅与科技智慧的结合,将数十年一遇的强势台风影响减至最小。避风于房中的业主,通过绿城生活App等媒介纷纷表达感动,向绿城服务工作人员致敬。

绿城服务布局智慧园区服务体系，就是从服务端实现数据与工作的协同，继而实现智能联动。智能联动是为了改变服务效能，提升行业内在价值。而从公司治理端，这个"智能联动"可以转化为"职能联动"，继而实现数据"流动"中的"联动"。

绿城服务总部所在地杭州，明确提出"打造数字经济第一城"的概念，在2020年初新冠肺炎疫情期间率先推出的"健康码"，便是数据驱动城市治理的一个鲜亮典型。而在复工复产阶段，绿城服务也适时推出了"复工码"，针对商务写字楼实现客户健康智能管理服务。这并不是偶然为之，而是公司在实施以数据为核心治理理念下的必然之举。管理层过去强调办公自动化，现在强调办公数据化，通过实施不同管理层级的数据驾驶舱，实现数据穿透共享及管理决策与抵达。其实，"复工码"只是绿城服务旗下绿漫科技研发的园区楼宇战疫应急管理平台中的一个环节。平台的应用场景包括复工前的备案、复工时的扫码验证和复工后的数据统计等多项内容。尤其是复工时，可通过扫码实现人员进出管控、人员健康码与门禁系统联动和体温登记等功能，为企业复工上了一道效率和质量的双保险。当全国媒体都在关注杭州健康码的同时，不少街道、园区的负责人也专程前来了解和定制这款"复工码"。

绿城产业服务总经理陈昂介绍说，目前，该平台的使用范围已经从绿城服务的园区，扩展到西湖区行政服务中心、西湖区翠苑街道、余杭区海创园、拱墅区北部软件园等多个街道和园区，武汉、合肥、成都等城市也正陆续启用。除了员工，访客也可以使用这个平台。万一访客出现发热之类的症状，可以清楚追踪访客行迹，从而在最短时间内做出有效反应。作为最了解物业管理的研发团队，他们早已摸透政府、园区管理方、企业、员工等多方面需求，并根据疫情发展实际情况做出了相应的设计。

4. 好产品需要好品控来支持

品质是公司的生命线，是公司价值的直接体现。绿城服务要求服务者有根品质弦，将内心世界的真善美化作服务品质，传递给业主。

品质领先进步，则企业生；品质失控退步，则企业亡。绿城服务不断发现、战胜阻碍企业生存、发展的明显或隐性的"败相"，从而推动公司的不断进步。无数细节的累加才会造就服务品质的惊艳。绿城服务通过多种形式的业主监督机制及品质管控体系，用春雨般润物细无声的服务，呈现极致的服务品质。

好的服务、好的口碑需要有一套行之有效的保障体系作支撑，绿城服务在品质保障系统上建立了六维品质管控体系，以一项机制、一所学校、一套标准、一项监督、一个平台和一种模式这六个手段去保障整个服务产品的落地、运维和推广。

1）一项机制

每个企业在保障服务和运营推进过程中，需要完善的管理机制和组织架构。绿城服务在上市后对组织结构进行了优化和调整，形成了物业集团、园区集团和咨询集团"三位一体"的新格局。物业集团作为发展的基石，主要为业主打造完整的服务价值链；园区集团主要是不断增强生活服务能力、提升业主满意度、搭建生活服务平台；咨询集团主要围绕房屋全生命周期，打造资产增值服务的生态链。通过三大集团业务的推进,保障服务体系的运维落地。

结合集团发展战略,绿城服务重新审视品质管理,形成以客户为核心的品质管理体系。集团、子公司作为品质管理体系的支撑端,集团负责做策划、定标准、强监督、立考核;子公司负责强支持、控品质、促改进。服务中心作为品质管理体系的生产端,负责重服务、促满意。这一切都是为了客户的感受,最终由客户来判定服务的优劣,并引导客户共同参与到园区的管理和服务中来。客户端享受服务,参与管理,做出评价。最终建立金字塔形的"3+1"三级品控管理模型。

2)一所学校

2008年,绿城服务为做好内部梯队建设和员工能力培养与提升,在杭州千岛湖创办了绿城职业培训学校——美好生活服务学院的前身,以培养公司内部服务梯队为主,通过封闭式学习和军训,磨炼绿城服务人的意志,提升物业服务专业技能。

凡是过往,皆为序章。2019年1月8日,为响应共治共建共享社会治理新格局的号召,培养和提升物业服务专业能力,美好生活服务学院应运而生,下设管理、安全、工程、品质、管家等八大学院,针对员工开展认证培训。同时集团联合子公司,建立九家城市分院,招募全国培训讲师426名,共同开发课件164门,并进行线上教学,实现员工培训无忧。在培训的同时还提供人才晋升机制,建立五级人才培养体系,从新员工到经理、总经理,通过五级打通各个层级晋升和认证通道,让员工理论结合实际,更好地为业主服务。目前,美好生活服务学院已面向全国行业协会、同行企业、房地产开发公司开展各专业条线的培训课程。学院采取"分层分级"的课程设计,采用"走出去、请进来"的授课模式,按物业服务系统涉及的专业板块(大类),提供各业务全景培训,课程涉及业务拓展、生活服务、E.O管家、沙盘经营模拟、项目经理认证培训等。让物业服务梯队、骨干员工梯队、核心管理团队和行业相关部门都能受益于美好生活服务学院的培训赋能服务。实现"全员学习、专业提升、企业发展、行业进步"的办学理念,实施"应服务所需、与市场接轨、与行业交流、与实践结合"的教学方针,为物业企业提供全程业务指导。

"绿城是一所学校,工作就是学习,学习才会成长,成长才有当下,才有未来,才有春天。让我们一起为美好生活服务能力去提高,为美好生活服务收成去经营,为美好生活服务信仰去修炼,为美好生活服务愿景去坚守!"绿城服务董事局主席李海荣女士在学院揭牌仪式上说,"我们需要一个完善、科学的培训教育体系,一所集美好生活服务研究和教育于一体的学院载体。这是公司传承企业文化、实施组织战略的平台,也是打造核心竞争力的重要组成部分,更是当前经济大环境中,御寒越冬、化蛹为蝶的资本。"

3)一套标准

绿城服务于1999年建立质量管理体系,于2010年建立"质量、环境、职业安全"三标认证体系,于2013年颁布《集团体系文件目录》,并推行十必查、二十必查、8S管理和20触点服务等品质督导方式,强化品质风险控制。2014年,集团颁布《制度与办法汇编》,制定各类管理制度32项、管理办法40项。2017年,集团深化管控体系,逐步完善子公司品质管理职能,已实现品质管理现场常规督导和线上督导的结合,并升级品质管理体系。2018年,集团进一步强化底线要求,推行"安全服务底线"与"品质服务底线"双底线督导检查,确保安全底线管理。2021年,集团再次升级品质管控模式,在三级管控体系的基础上,执行"亮剑行动"、"七律九彰"和"品质三查"系列品质服务提升举措。建立包括项目自查、分公司内查、跨公司互查和集团抽查的多层级、多维度、多验证品质管理体系。

在20多年的发展中,绿城不断更新和完善标准,品质管控体系总体以"营建幸福生活"为主线,以客户为导向,逐步形成用户驱动、自动监督的组织生态系统。在集团和子公司的共创下,通过打造品质管理系统能力,践行"做客户的倾听者,做服务的策划者,做群体智慧的收集者"的角色,通过"坚守服务品质,丰富服务产品,改善服务工具和方法",打造业主"想要的、有用的、好用的"物业服务产品,为整个品质管理提供健全的保障。

4)一项监督

绿城服务通过线上线下、客户端与内部端的多维度监督,共同保障品质落地。线下监督实行第三方监督机构神秘访客检查,采取红黄牌考核机制;集团充分授权子公司物业管理部进行督导,将常规督导权下放至各个子公司。集团制定统一的督导标准,用于评价各服务中心物业服务品质,全面了解各个项目的物业服务品质状况,统计分析整体情况,确保服务标准和检查标准的一致与落地;子公司通过督导及时了解所辖各项目品质状况,以便根据缺陷实施整改,确保服务品质的改进与提升。如此,一方面,可以借用子公司物业管理部的力量执行品质督导职能;另一方面,将集团品质督导职能下沉到子公司,可以倒逼子公司加强品质管控。

鹰眼平台远程监控是绿城服务基于智慧管理,利用智能化设备和大数据平台,通过互联网、信息化手段,对项目服务中心、门岗等关键部门进行监控,实现集团、子公司、项目管理人员随时、随地对各项目和场景的监控,并由集团进行定期抽查和通报。同时,将鹰眼平台开放给业主,让业主随时随地对物业服务进行监督。目前,绿城服务已完成智能监控设备的中央管理,鹰眼平台已覆盖全国各地的子公司。

集团呼叫中心采取受理、跟踪、回访机制,接待来自全国各地的绿城业主的服务诉求,并依据ISO 9001质量管理体系PDCA过程控制的原则,使每项服务均得到落实,服务过程合理、规范。每年3月15日前后,集团邀请全国业主监督组织代表举办业主代表大会,倾听业主心声,从而进一步改善服务。集团每年组织召开业主代表大会,邀请业主监督组织和业委会成员参会,为绿城服务的发展出谋划策。集团所属子公司和服务中心每年至少组织一次业主座谈会,了解业主对子公司、服务中心的意见和建议,进行不断改进、提升。每年至少组织一次业主开放日,邀请业主代表参观园区水泵房、电梯机房、高低压配电房、消防监控室等,让业主了解绿城服务的日常工作。这样的沟通交流不是一年中的某一天,而是全年365天。集团95059客户热线也会定期对业主监督组织成员、业委会成员及业主,还有开发公司人员等,进行常态化的物业服务满意度调查,随时了解服务过程中的不足。

服务中心在园区内设立经理开放日,倾听园区业主就物业服务提出的意见和建议,跟进并落实业主交办事项,向业主汇报服务中心工作完成情况和工作计划。这些收集到的客户意见和建议,再由集团品质管理中心加以跟进,督促子公司、服务中心制订整改计划,跟踪落实整改情况,并进行100%回访,了解业主对整改过程和结果的满意度。

目前,绿城生活App服务评价功能,已实现家政、维修、送水、旅游等服务的线上客户评价。对客户评价意见进行处理,比如,客户评价低于3分的,则按业主投诉单处理,由集团CRM系统按业主投诉处理流程进行处理,丰富了业主评价和问题处理渠道。后期,绿城服务还将通过业主评价,直接实现员工工作绩效评价。

5) 一个平台

通过科技手段来打造平台,如绿城生活App,它不仅提供生活便利功能,而且提供对服务端进行监督的功能,用户可以通过它进行投诉、表扬、咨询和满意度评价。同时,员工可通过App获得业主反映的信息,及时处理业主需求。绿城生活App是业主掌上轻松享受物业服务的移动端平台,通过报事报修、生活缴费、蓝牙开门、访客通行、投诉表扬、友邻社交等服务模块,实现业主参与物业服务。

在客户投诉处理上实行升级机制,集团95059服务中心自接到投诉后72小时内必须回单至呼叫中心,投诉后7天未处理完成的,升级黄色预警,传递至集团分管副总;投诉后14天未处理完成的,升级橙色预警,传递至集团总经理;投诉后21天未处理完成的,升级红色预警,传递至集团董事长。

绿城生活App的推广和运用,实现了社交平台线上化,为业主的自治共管提供了更多的便利。品质管理离不开科技的运用。绿城服务的新科技、新技术在品质管理中的应用,不仅为入驻企业和员工提供便利、高效的园区服务,降低企业能源消耗和运营过程中的人力成本,而且提升了企业工作效率,助力企业快速发展。

云助App是绿城云享的一站式智慧服务云平台,通过整合各类服务资源,同时连接线下智能硬件,实现线上互动与线下落地。

通过车牌扫描收费系统、智能访客机,云助App自助扫码、大堂人行摆闸等软硬件配合,可以轻松实现几万人的智慧通行;业主还可通过线上平台一站式满足送水、采购、定制、租赁等需求;依托物联网平台,对设备进行系列智能化改造,实现动环监测、液位监测、智能抄表、设备预警等功能。作为绿城商务写字楼(以下简称"商写")服务的高端品牌,绿城云享延展i-Service服务体系,根据不同阶段的防疫重点,充分发挥云助App的科技力量,系统快速迭代,拧紧园区"安全阀",按牢复工"加速键"。杭州西子国际是浙江省重点工程,成为杭城商写成功运作模板。这部分得益于绿城服务为其量身定制的管理制度和操作程序。实现设施设备智慧化管理,树立设施设备管理标杆,研发设施设备物联网管理平台。构建能源管理体系,强化安全管控,建立微型消防站。

绿城云享在疫情管控的不同阶段,根据企业需要,调整云助App系统模块。封闭管理期,在云助App 1.0版本上,率先推出园区楼宇疫情管控应急管理平台,仅针对园区企业可复产员工开放,减少不必要人员流动,为企业员工健康安全和疫情防控提供了坚实的科技保障。全面复工的后疫情时代,绿城云享坚持为企业营造安全高效的办公环境,于2020年4月正式上线云助App 2.0版,实现了访客登记线上化和精准化,到访人员只需在入口处扫码,如实登记身份和健康信息,系统自动验证杭州健康码为绿码后即可进入楼宇,让客户尽享科技便利。

云助App将杭州健康码和企业员工码合二为一,形成员工通行绿码,在甄别本园区员工的同时,规避红码、黄码风险,同步智慧通行密码,多方面保障企业安全。专业的服务体验,基于前期咨询、物业零接触,多项检测同时完成。在园区生活方面,绿城云享同步更新硬件设施和软件系统,通过人脸识别、红外测温、二维码验证三合一多功能人行道闸,将扫码、测温和语音预警一步搞定,提高通行效率,让上班高峰期不再拥堵,避免交叉接触。

未来,绿城云享将持续深化智慧服务,提升楼宇智能运营管理综合能力,通过"互联网+物联网"将物业服务、商务办公、社交生活无缝连接,实现智慧办公与科技生活无边界体验,创建一站式智慧服务生态圈,为企业客户打造云时代的尊享服务体验,致力于成为"中国商业领域综合服务商"。

6) 一种模式

绿城服务一直倡导业主自治、共建共管的模式,2018年完成"绿城幸福里"的模式升级,让业主自发参与园区监管、品质提升、生活营造。这源自对业主"真诚善意"的核心理念,集团重视业主对物业服务的参与,并通过"用户驱动,自动监督"来推进对物业服务品质的坚守,落实业主自治、共建共管。集团主要采取五大举措来推动业主自治、共建共管模式的可持续发展。

第一,落实业主监督组织及业委会。集团要求项目在交付3个月内就必须成立业主监督组织,在达到业委会法定成立条件时,必须成立业委会,并将成立工作纳入年终绩效考核中。希望从项目交付开始,业主即可充分享有品质监督权,参与园区管理,与物业共同提升园区服务品质。

第二,推行业工会(业主义务工作者协会的简称)组织。在以往业主志愿组织、睦邻社组建的基础上,集团积极推行业工会组织,同时利用绿城生活App在业主范围内搭建更为广泛的智慧服务平台,倡导园区业主"既是被服务者也是服务者",以促进园区业主参与园区管理,营造自治共管的园区氛围,共同建设幸福美好的家园。绿城服务所推行的业工会,是从幸福生活园区建设需求出发,以园区服务及活动为载体,以园区健康养老、文化教育、居家生活、品质监督为基本功能,而组建的具有绿城服务特色的业主自治、共管互助组织。绿城服务希望通过推行业工会,充分发挥业主自治的效能;增强业主参与管理的意识,有效缓解对不文明行为进行管理时,可能引起的邻里矛盾;促进园区的和谐发展,从而加速园区幸福生活的实现,同时接受业主委员会的管理与监督。在业工会组织中,秘书长及园区教育、文化、健康、长者服务,以及园区品质监督等职位,都由热心园区服务、愿意发挥专长的业主担任。业工会的副秘书长由服务中心负责人担任,做好业工会的工作支持和协调。在业工会的组建过程中,绿城服务招募了园区的热心业主,如颐乐学院授课者、园区服务志愿者、睦邻社团参与者、服务质量督导者,让这些热心业主能参与园区自治共管,营造邻里互助的和谐氛围。同时,通过绿城生活 App 的推广和运用,为业主搭建更为广泛的参与、沟通平台;通过业工会相关机制和章程的建立,确保业工会的组织规范。

第三,建立业主线上社交平台。通过绿城生活 App 的推广和运用,实现了社交平台线上化,为园区自治共管提供了更多的便利。其中业主自治板块是实现园区业主之间互相帮助、互相监督、共同治理的平台,涵盖公示公告、业委会、议事堂、红黑榜、志愿者、自治表决、自治规约等 7 个板块,结合业工会工作的开展,实现以幸福绿城 App 为自治功能载体,由业主主动参与,服务中心协助管理。业主可以通过议事堂共同探讨园区管理中的重点、难点,由服务中心协助业委会、业工会汇总业主意见后形成新的邻里公约、管理办法,在自治表决板块请业主自行投票,确定最终的约定,在自治规约里公示,请园区业主共同遵守;业主也可以在园区中将发现的好人好事、不文明行为在红黑榜中发布,用舆论的力量弘扬正能量,实现园区的不断发展;业主还可以在公示公告、业委会板块中了解园区、业委会的最新动向。友邻社交板块是业主之间互动交流的平台,下设睦邻社、活动发起、爱分享、工作室、悬赏、闲置等 6 个板块,旨在打破现代城市中人与人之间渐行渐远的尴尬局面,重塑社区邻里关系。绿城服务希望通过该平台实现睦邻社团活动组织、闲置资源互换利用、热门话题分享讨论、实时在线聊天等。

第四,完善专享服务线上评价。为践行"客户导向、用户思维"的理念,绿城服务在绿城生活 App 的开发中,完善了业主维修、投诉等的线上评价功能,业主可以通过绿城生活 App 对物业服务实施线上评价。

第五,升级服务热线。2010 年 6 月,绿城服务成立了 400 呼叫中心,设立了绿城客户服务热线。2015 年 6 月,客户服务热线升级为 95059,并进行全面推广。集团客户服务中心建立了客户服务三级管控,集团层面以客户服务部为主责部门,统筹呼叫中心运行工作;子公司层面以物业管理部为主责部门,负责本单位电话信息的传递和反馈;物业服务中心层面以客户服务部为主责部门,负责本项目电话信息的传递和反馈。

7)一线当家

服务中心是对客服务的最前端,是把控服务品质的第一线。绿城服务提倡一线当家,要求服务中心把控现场,从对"物"的管理与对"人"的服务两方面落实标准的执行,提高服务质量,为业主营造幸福生活。为此,绿城服务主要采取以下措施。

第一,规范标准的品质园区。在基础物业提供方面,本着"精致完美"的理念,首先从员工自身形象、办公场所出发,严格进行精细化管理,执行"8S"管理标准;同时,在公共区域及日常服务提供过程中实行"服务触点管理",寻找业主对服务品质的感知面,把握关键点,提升业主的感知。

第二,人文关怀的亲情服务。充满人文关怀的亲情服务一直作为绿城服务的亮点,赢得广大业主的认可。历经多年推行实施的亲情服务,已然成为绿城服务的常态化管理模式。通过常态化亲情服务、全国亲情服务联动等丰富服务内容,开展新春送福、电影节、邻里运动会、"绿之恋"文艺晚会、摄影大赛等一系列活动,吸引了众多业主的参与,得到了业主的广泛好评。

另外,针对社会上0~6岁孩子教育相对缺失的现状,集团于2015年开始尝试早教服务,引进国际先进的教育理念,试点实施早教服务,与"奇妙一夏"夏令营同步推出,让园区的小业主在家门口就能体验到优质的儿童早教。集团旗下的澳蒙国际日托中心作为MAG集团在中国的第一所直营幼托中心,其所有的教学、管理、品控和硬件标准等全部与澳大利亚总部无缝对接。

第三,和谐睦邻的幸福生活。围绕"幸福生活服务商"的企业愿景,服务中心制定年度园区活动计划,并结合项目实际,有选择性地组织开展丰富多彩的园区活动,力求给业主带来更为幸福的生活体验。通过联动活动,拉近园区业主之间、业主与服务中心之间的距离,保持幸福生活;并在活动中发挥业工会成员的作用,提供志愿服务,奉献爱心、公益心,实现业主自我价值。

2013年开始推行睦邻社,让业主根据兴趣爱好自行组建社团,开展活动,扩大园区活动的受众面,让更多的业主走出家门,成为朋友,营造更为和谐的邻里氛围。

2015年,继续深化睦邻社,将原有部分园区内的业主兴趣活动组织常态化,希望能通过绿城服务的牵头,在园区内组建各类业主俱乐部,能汇集更多有共同兴趣爱好的业主。

2015年,相继推出长者和少儿服务,希望能从人的全生命周期出发,兼顾园区中的每一位成员,让业主热爱生活,让园区成为幸福乐园。

2016年,在以往园区活动的基础上做了进一步的提升,以"欢享·春、快乐·夏、喜乐·秋、温暖·冬"幸福四季为主线,整体以"欢乐邻里"为主题,组织策划适合"全龄段"业主参与的系列园区活动。

同时,积极在项目中推行公益行动,希望能通过倡议和组织,让园区内的业主能积极参与公益事业,能为守护同一片蓝天和共同美好家园,贡献自己的绵薄之力。

2020年,绿城服务组织团队赴西藏助学扶贫,通过"以购代捐、以买代帮"的形式,促成消费扶贫。为曲当乡中心小学二年级一班的43个孩子送上爱心物资和营养午餐,以"食育"培养藏区的未来。

2020年,绿城服务组织开展"99公益日"活动,携手公益组织参与守护全球仅剩100多只的极危鸟类中华凤头燕鸥活动,保护物种多样性。

2020年,绿城服务组织开展"绿城林"沙漠绿洲共建行动,邀请业主赴民勤县种梭梭,亲手栽种一片新绿抗击风沙。目前,"绿城林"规模已达1000亩,成为民勤县面积最大的企业公益林。

第四,智慧互联的智慧园区。在品质管理中,通过智能信息化系统将硬件、业主、员工互相连接,形成智慧管理云平台。在提升业主感知的同时,提升服务品质。一方面,通过把控对客服务品质,提升业主感知。用信息化推动标准的固化,建立更规范、更高效、更可控的对客服务工作流程。另一方面,通过智能手段完成品质闭环,强化服务中心在工作中自查、改进的能力。智慧管理云平台已运用到各项日常对客服务中,如访客管理、快件收发、工单处理、活动组织等。在对客服务品质把控方面,以对业主服务需求的处理为例。首先,所有对业主的服务,一律记录到线上,以便于跟进处理及闭环。业主可通过绿城生活 App 发起各类服务需求,或通过传统线下途径告知客服人员后,由工作人员记录到系统中。其次,服务流程标准化,根据业主的不同服务需求,各岗位工作人员按职责有序处理,完成服务提供。

此外,在智慧管理云平台中,所有服务需求都可追溯,业主及员工均可查看各项工作完成进度,使业主更安心、员工更尽心。各服务中心可实时监控服务完成进度及服务质量评价,做到服务品质可视化。

同时,在基础工作的品质把控方面,园区实现了各类检查线上化,可通过信息系统进行自查自纠,内容包括园区内公共区域管理、设施设备管理、装修管理及空置房管理等各个方面。各服务中心根据实际管理要求,在线上完成检查内容、频次等标准的设定,各岗位员工按要求通过扫描二维码完成巡查,确保园区的各个角落均得到充分的巡查,不在园区留有管理死角。

通过扫描巡检点位二维码,系统将提示该处需检查的重点内容及检查方法,使每项检查变得更专业、更可靠。检查中如果发现问题,管理人员会通过手机端直接在线上形成报事工单,并在后台对所有后期处理、跟进等流程进行监控,保障园区的每个问题都能得到较好的解决。项目负责人会对各岗位自查自纠情况进行检查,并每周对园区进行不少于三次巡查,以验证各岗位自查自纠结果的真实性,确保园区检查真正有效、到位。

5. 疫情之下的绿城服务人

2020 年初,新冠肺炎疫情肆虐,城市被按下了暂停键,在这场没有硝烟的抗疫之战中,物业备受关注,也承受较大压力。绿城服务用惯有的精细守住院门,看好房门,消杀可能的角落,排查每一块车牌,测量每一位访客的体温……

疫情就是命令,防控就是责任。整个物业服务行业的从业人员都战斗在抗疫一线,日夜坚守,奋不顾身。让人感动的是,在绿城服务的园区里,业主也站了出来,与社区一起,共同逆行。疫情期间,绿城服务每天大约有 13500 名保安值守排查,8600 名保洁清洁消毒,5000 名管理人员放弃休假提前返岗。针对疫情,绿城服务共出台 24 篇规范要求和 2 篇应急预案手册(商写篇和住宅篇),针对园区各项服务,增加临时性防疫工作 30 项、住宅人性化服务内容 6 项、商写人性化服务 7 项。

疫情期间,集团成立鹰眼监督小组,每日对全国园区关键点位开展鹰眼监控,督促项目整改,保证各项防疫要求 100% 落地。

疫情期间,美好生活服务学院推出"学习的力量",将防疫知识推送给员工,同时每日邀请一名公司"大咖"直播授课,向全国公开。

疫情期间,通过"绿城幸福里"里长倡议,发动全国约 12 万名"绿城幸福里"志愿者加入防疫工作,党员带动,社区、业主、物业三方联动,开展轮岗执勤、疫情宣传、消毒消杀、送货上门、居家理发等工作。

绿城服务旗下拥有社区养老机构椿龄荟。在疫情防控早期,椿龄荟就开始实时封闭管理,不进不出,在岗服务人员,一律吃住在养老院里。他们每天为老年人测两遍体温,以往老年人在院子里、阅览室里搞集体活动,现在大多数时间,要在各自房间里。这里的工作人员,多是20多岁的年轻人,他们每人守几张床位,三餐送到房间,给老人讲故事,安排家属跟老人视频聊天,录制每天健康防护的视频给家属看,也将家属在家健康防护的视频分享给老人看,让他们各自安心。早上,分批次(以免聚集)牵着老人的手在走道中晨练。"半个多月了,老人午休时,我们走到玻璃门口,望一望窗外的阳光,有时候是风雨,觉得无论什么情况,手头的工作就是一种责任,非常时期守护好老人那张床,这种责任更大。"养老院的小高坚定地说。

线上下单买菜,是居家防控减少出行、规避风险的最好选择。随着疫情防控升级,城区、小区都进入了封闭管理状态。物业服务作为疫情中群众生活的必保行业,可以在做好周密防护的情况下复工。绿城服务布局的新零售"绿橙生鲜"在居家防控生活保障上立下了"战功"。基于线上下单,绿城服务的众多小区中,设置了前置仓,自有供应链,对生鲜蔬菜,经过分拣,将净菜送入前置菜柜,业主零接触自取。在防控期间,有六万户业主下单,复购率与满意率均创下历史新高。物业服务的社区新零售实践,在非常时期发挥了特别的保障作用,得到业主及政府防控部门的称赞,那一兜兜不接触的菜,传递了温暖与安心。

疫情防控与春节假期重叠,一线员工需要火线驰援。绿城紫桂花园物业经理韩燕大年初二就赶回了小区,指挥小区的防疫管控工作,消杀,测温,协同社区排查,将集团统一防控要点逐一向员工落实,为一线员工做饭、给吃饭的人顶岗,为业主买菜、收菜……杭州大多数物业人,都是一个人当三个人用,项目经理又当保姆又做指挥,才能既做好工作,又稳定人心。像韩燕这样的物业人,真是顾不上家了,业主给他们捐了睡袋,他们在小区里夜以继日地工作。读一年级的女儿想她了,也不好出去,让爸爸发起视频通话,妈妈也顾不上接。女儿就写信,写好了从门缝塞出去,想让妈妈一回到家门口就能看到。"这几天没看到女儿的信了,可能还在写,好几天没回去了,吃住在园区,等疫情结束再看!"韩燕说。

绿城服务:疫情下的科技战"疫"

自新冠肺炎疫情发生以来,一线物业面临着前所未有的挑战。绿城服务"黑科技"在社区、园区楼宇等重要场合大显神通,在疫情防控中发挥了举足轻重的作用。疫情防控是信心战,更是技术战!面对突如其来的新冠肺炎疫情,平台上线园区住户行程收集调查工具,累计收集近2万份问卷反馈,有效助力物业一线服务人员对涉足重要疫情区域的住户进行重点排查。

在社区防控过程中,大数据也起到关键作用,通过7年业主大数据的沉淀,绿城服务全面掌握了较为精准的业主基础信息,这对社区居民基本情况的摸排采集工作起到了极大的助力作用,不仅减少了接触感染概率,而且极大提升了社区防控工作效率。

随着节后"复工潮"的到来,绿城服务面临又一项严峻考验。为确保园区疫情可防可控,绿城服务通过线上线下软硬件联动,打出科技创新"组合拳"。

绿城服务全面推行"园区楼宇战疫应急管理平台",集政府、园区管理方、企业、员工等多方需求于一体,为全国园区楼宇和社区疫情防控工作,加上了一道效率和质量的"双保险"。

"园区疫情防控数据系统"对企业的复工、人员的健康和园区的防控工作进行全面的数据统计分析,并通过可视化界面全面呈现,为疫情防控工作的有序推进和未来部署提供有力数据支撑。

通过物联网智能硬件系统的改造升级,打造智慧、安全、便捷的产业园区。园区实施封闭式管理后,在家待命的员工可以通过鹰眼监控系统协同门岗人员共同值守,为现场保安增加一双"眼睛"。通过架设"热成像"物联网终端系统,对进出人员进行智能化体温监控,若出现异常体温人员,系统将实时报警。通过 EBA 设备远程监控系统,对硬件设施进行远程管理,使大量工程人员投入到更重要的日常防疫工作中,大大提升了人员使用效率。

政策有"温度",服务有"力度"。智慧园区云服务平台"云助 App"持续更新各级政府面向辖区企业的帮扶政策解读分析,并将逐步提供申报咨询、在线答疑等线上服务。为了降低企业员工在医院就诊中的交叉感染风险,云助 App 联合国内领先的"互联网+"医疗企业——"微脉",在全国范围率先上线"抗击新冠肺炎免费义诊平台",帮助企业员工区分普通感冒和新冠肺炎,排查疑似病患并及时进行心理干预。疫情防控的背后,让更多人看到了科技的力量。绿城服务通过绿城科技产业的云助平台、楼宇罗盘系统,全面布局园区楼宇的数字化建设运营,加快向数字化、智能化、平台化升级。

疫情防控中,为满足对安全和效率的双向要求,绿城生活 App 通过大数据采集、对比和筛查,形成疫情日报,筑牢基层防控屏障。云助 App 紧急研发、上线"园区楼宇疫情管控应急平台",同时连入"城市大脑",对接健康码,成为"一码通"样板,并配合智能道闸硬件设备,实现智慧通行"三合一",助力全国数万家企业复产复工。防疫常态化阶段,率先并广泛应用全球首款智能 AR 测温眼镜,高效、便捷、准确、私密,"黑科技"让楼宇更安全、体验更舒适。

凭借数据赋能,绿城服务将企业发展理论之因转化为品质获得之果,让服务具有成长性和生命力,营建美好生活生态圈。

在生死时速的战"疫"中,绿城服务用智慧科技赋予服务业新的内涵,以互联网、大数据、物联网为代表的新技术成为应对疫情的新"武器"。

绿城服务将不断吸收新科技,将其融会贯通于新服务,为实现安居乐业的美好生活贡献力量!

(改编自云享财经,2020 年 2 月 16 日)

6. 实施服务差异化战略

高端服务,关键在于较高的服务标准和极致的服务体验。2019 年,绿城服务 E.O 管家与荷兰国际管家学校合作,提升任职资格,升级管家培训,优化服务流程,建立独特服务,完善管理体系,呈现顶级视觉,旨在为客户提供难忘的生活服务体验。

1)E.O管家与金钥匙国际联盟战略合作

2020年8月,绿城服务以"绿城·江南里"为代表项目加入金钥匙国际联盟,共同推动行业高端物业服务标准落地。金钥匙服务是国际极高服务标准的象征。

E.O管家是高端服务体系的践行者,除了金钥匙国际联盟认证、E.O管家培训课程,还加入WSET葡萄酒2级认证培训、AHA认证急救员培训、RSPCA宠物关爱培训等。

2)唯美中式的视觉升级

中式项目E.I管家根据项目特点,将现代科技与中式风格进行完美结合,营造优美舒适的共享空间。

细心之处,随处可见:纸巾盒展示折纸艺术;国画和书法美化绿化取水口;小动物等造型美化窨井盖,与草地完全契合;鹅卵石美化树池;项目元素美化电箱;连树上的粘虫板都是唯美的花鸟画;用落叶乔木装饰,通过细沙对果壳箱进行美化……

3)低调定制的节日服务

E.O管家梳理全年18个重要节日,形成全年节日活动图谱,各地升级服务,推动传统节日活动定制化和非传统节日活动个性化。

如苏州桃花源推出"女神专列",节日当天装饰车辆,上门赠送惊喜礼物;"财神到",舞狮、扮演财神上门送祝福;"纪念日定制",婴儿百天纪念日定制、生日礼物业主纪念手册等;自制园区果干送业主。鉴于业主多注重传统文化,开设国画班、书法班,组织评弹曲艺会,体验姑苏韵味。

服务是E.O管家与业主心灵之间沟通的桥梁,也是传递生活感动的最好符号。E.O管家用心感受业主需求,因细微处的满满感动,获得业主的高度好评,在业界创造良好的口碑,成就高端住宅的生活典范。

4)一座世上独一无二的木雕

E.O管家的服务还能做到与项目气质契合。李先生新装修江南小院,入住当天,E.O管家带着一份特别的礼物上门。木雕原型是管家在做李先生家装修巡查时捡到的木桩,经过雕琢修剪,变成一座独一无二的木雕。这个曾经的木桩,已是李先生院中一景,更是他与朋友们总聊起的一段生活趣事。李先生说:"E.O管家真的不仅仅是一个好听的头衔,他们用心发现美好、传递美好,真正做到业主的生活合伙人。"

5)做一个有心的服务者

舟山翡翠苑的一位业主特别喜欢花草,却难得回家。业主庭院全面维修期间,E.O管家小杜在维修前巡查时发现这位业主自己种植的几棵绿植,就及时将绿植移至花盆内,搬到宿舍全程照顾,直至庭院维修结束。其间,小杜把照顾绿植的点滴发在朋友圈,并定期向业主反馈。小杜从"植物小白"成长为"植物达人",与业主的沟通话题也逐渐从植物的生长延伸到了日常生活的交流。

6) 一封手写的表扬信

青岛深蓝中心收到一对夫妻写的表扬信。他们一直期望叫上老友在新居品尝家宴,却因儿女不在身边,对筹备无所适从,便将计划告诉E.O管家。E.O管家欣然应允,协助业主准备所需食材、检查电器性能……宴会当天,E.O管家安排好车位,做好指引,随时静候。业主对厨房设备不熟悉,无法做热汤,E.O管家第一时间联系深蓝汇18小时餐厅,临时提供借灶服务,又快速调集检修团队解决问题。宴会结束,管家送完每位客人才下班。

7. 行业发展建议

1) 坚持发展战略

江浙一带的企业,向来市场嗅觉灵敏。2001年绿城服务便走上了市场化的道路,在杭州接下了首个非绿城开发的楼盘——清水公寓,并实现了很好的服务效果。当时绿城开发的商品房产品已在杭州渐成翘楚,为其配套的绿城服务也崭露头角。此后,很多刚入杭州的开发商,主动与其洽谈物业进驻,以实现服务溢价与销售拉动。当时杭州便流行一句话:"买不起绿城的房子,能够买到有绿城服务的房子也满足了。"这些赞誉给了绿城服务很大信心,也坚定了绿城服务走市场化道路的信仰。较同类型企业,市场化的突破让绿城服务率先开始在人才、技术、标准等资源方面做了规划和储备。多年之后,当初的一批管理员在市场的熏陶下,多数已成为集团高管,也让绿城服务在市场竞争和转型升级中有了更大的优势。

截至目前,绿城服务的业务已覆盖全国30个省(区、市)近200座城市,与近千个房地产商或政府机构拥有合作关系。绿城服务不仅是住宅的专业管家,其城市综合服务的项目占比已超过总服务面积的20%以上。接管、咨询及代管的合同数目逾2000个,总合同服务面积约4.78亿平方米。市场化是企业发展壮大的必由之路,公司是员工发展的平台。

2) 坚持人才战略

绿城服务将"为员工创造平台"作为企业的第一使命。绿城服务董事局副主席杨掌法先生认为,"以人为本"是绿城得以不断成长和发展的重要依据,是公司的出发点、初衷,也是目的地。"我们从来没有把员工作为公司的人力,所以也就没有人力资源部,而是本体建设部。我们认为员工是企业的唯一本体,员工的成长进步是公司存在的价值,如果不为员工创造平台、不为员工的发展铺路,企业就没有存在的价值,更不要说发展。"同时,绿城还把员工和业主当作兄弟姐妹,将提供家人般的服务作为企业的基石和核心价值观,这是公司20多年来得以成长和发展的基本原则和原理。

好服务,由好员工造。绿城服务认为,只有服务好员工,让员工满意,才能由员工提供让客户满意的服务。生产者本身精彩,产品才会精彩。

3) 坚持业主共治

"将社区物业管理纳入基层治理体系,走共建共治共享之路是行业发展趋势。"中国物业管理协会副秘书长、北京中物研协信息科技有限公司总经理杨熙表示,短期的疫情挑战终将过去,物业企业在维护公共秩序、协助基层管理方面的正面作用将被公共部门所关注。拥有品牌服务能力、善于沟通业主、能够营造幸福社区的物业企业将进一步凸显优势,其也将促进行业的发展。

从长期看,小区共建共治共享是提升小区幸福感、创造更高社区满意度、营造幸福生活环境的有效渠道,也是后疫情时代物业企业纳入更广泛基层治理体系的破局之道,"绿城幸福里"率先走在了行业探索前列,打造社区、业委会、物业三方协作的"朋友圈"。以"培养业主的规则意识、主人意识、赋能意识,让业主更多参与到物业管理和服务的过程"为己任,引导社区、业主共同参与物业服务工作。

4) 坚持可持续发展战略

绿城服务幸福产品系列,涵盖普通住宅、高端住宅、商写建筑、公共建筑等多种业态,并形成智慧生活、E.O管家、绿城云享、城市服务四大产品系列。

创新是一个积累经验的过程。对于拥有"产品主义"精神、极具社会责任感的绿城服务来说,唯有持续创新,才能始终"取法极致",确保产品品质,保持产品力领先。绿城之"度"在于品质立命,要做客户有感、员工有益的,方可有为。绿城服务通过产品力模型,融合行业产品能力的研判,构建绿城服务产品力,打造适合市场的产品模型。

"取法极致",得乎其上,绿城服务从未停止过对服务产品的研发和探索。垂直切入客户需求,精研细磨服务场景,以"服务产品化"为内核,绿城服务基于市场趋势、用户需求、集团战略和企业愿景,通过服务场景设计、体验触点打造、服务流程梳理、终端产品呈现,将琐碎复杂的服务细节形成四大产品系列、五大产品模块、四大应用场景。

"服务产品化"可点燃物业行业发展引擎,"产品品牌化"能稳固增强服务产品生命力,"品牌价值化"将驱动创新企业基业长青。服务也是产品,将服务产品化,进入市场让更多人享受,是物业行业未来的发展方向。绿城服务始终秉承服务初心,以线下的物业服务为依托,坚持品质服务的核心发展要素,打造线上服务链,推行服务标准化和数字化。利用互联网技术,硬件与软件一体化设计,借助大数据分析结果,以精准分析实现精准客户服务,实现共建共治共享园区治理新格局,一起促进行业进步。

5) 坚持数字化

智慧生活服务是绿城服务在服务业主的过程中不断升级的产品。智慧生活服务用科技连接美好,线上技术与线下资源连接,融合发展,让工作更简单,服务更便捷,生活更幸福。

2018年12月以来,绿城服务相继与支付宝、中国电信、海康威视等头部科技、通信公司签署战略合作协议,这些公司看中了绿城服务的高净值人群资源,更重要的是这些年在智慧园区上的投入,已经让其有了相当健全的科技基础设施。此后,绿城服务布局新业态,依照信息化战略,把科技融入到业态中。这些信息化建设,为生活服务赋能,让效率更高、体验感好。更难能可贵的是,由于绿城服务起步早,又将社区服务经验融入其中,开启了物联网意义上的革新与重建。2019年,"未来社区"概念在浙江被率先提出,绿城服务加入"未来社区"战略的项目组,担任副理事长单位,参与布局"三化"(人本化、生态化、数字化)"九场景"(未来邻里、未来教育、未来健康、未来创业、未来建筑、未来交通、未来低碳、未来服务、未来治理)的集成系统。

"无论外面多么乱多么浮躁,只要回到园区就是一片安宁祥和的小天地,这里老有所依,幼有所养,花儿绽放,邻里和睦。"这是绿城对住宅园区服务的追求。面对未来,绿城服务将继续用科技引领发展,用创新提高能力。

分享主题:"管理数字化"助力高质量发展

分享人:庄永兴(绿城物业服务集团有限公司品质管理中心)

绿城服务"管理数字化"助力高质量发展的主要策略如下。

1. 创建专业的物业管理体系,实现服务产品与服务体系的快速迭代

绿城服务始终把提供优质的基础服务作为发展基石并不断实践创新。作为高端物业服务领先企业,绿城服务20多年来引领行业发展,坚守服务品质,构建有温度的生活,为业主提供家人般的感受,创建专业的物业管理体系,实现服务产品与服务体系的快速迭代,为业主创造安全、舒适、便捷的生活环境。2021年,绿城服务品牌价值达148.36亿元。

20多年来,绿城服务不断审视内外部环境变化,结合自身优势,制定和践行自身发展战略,通过人本文明和科技驱动,营造清晰有感的体验氛围,从精神场景的空间升级、城市人文的深度对接、先进科技的有机植入等方面深化研发、迭代,实现服务境界的跨越,迎接下一个代际的到来,不断推进美好生活演绎。

2. 以转型升级形成巨大变革动力,实现创新发展

绿城服务在发展过程中经历了4次服务发展转型,1995—1998年是公司成立之初的懵懂期。当时的定位是绿城房地产集团的后勤部门,只接管绿城开发的项目,只要把绿城的这些项目管好,让业主生活得开心,让绿城房产无后顾之忧就足够了。1998—2003年是公司走市场化道路的自强期。忽然间我们发现,如果企业没有目标、没有动力、没有盈利能力,则所谓的提升品质不过是一句口号,因为根本留不住人才。这次转变是从地产下属企业走上市场化道路的质的飞跃,这次转变在横向上丰富服务内容,在纵向上扩宽服务范围。2003—2016年是公司服务升级的全面发展期。当我们有了目标、有了动力、有了一定的盈利能力,那么全面、快速的发展便不再是空谈,给员工的更大平台吸引了更多优秀人才。从2016年开始,集团进入创新变革期。为适应时代变化,步入资本市场,绿城物业服务、绿城咨询服务、绿城生活服务"三驾马车"齐头并进,并提出一线当家、用户驱动、平台监督、

容错试错、双底线督导、"绿城幸福里"、云助、云享、E.O管家等创新举措。集团的每一次发展转型都源于业主满意度提升。

3. 以价值创造为导向,坚守品质信仰

绿城服务以价值创造为导向,坚守品质信仰,雕琢细节,以非凡的热忱、十足的匠心、专业的管控、创新的理想,探索着服务与生活的可能性。极致的物业管理服务提升了业主的居住品质,令物业价值持久提升,使资产得以增值。

4. 寻找新需求,不断打造服务品牌和能力

绿城服务不断发现新的服务需求,研发新的服务体系,让自己能够适应新战场,成为跑赢新赛道的新型服务者。绿城云享是绿城服务在原商写服务的基础上总结升级并进行品牌化的服务产品。2019年,推出绿城云享商写服务体系,加入BOMA白金会员。2020年8月,在经历了一年的探索研究之后,又进行全面品牌升级,与同济大学、支付宝建立战略合作;北京中物研协信息科技有限公司(以下简称"中物研协")基于绿城商写服务的各项业绩数据,评估绿城云享的品牌价值为36.8亿元。绿城云享商写独立品牌,搭建i-Service服务体系,致力于打造"从美好生活服务到助力资产保值增值,从企业到员工配套优质资源的一站式服务,从科技办公到智慧无边界工作体验"的美好服务组合,实现商业企业共生、共长、共赢。绿城云享以人为本,跨界融合,创新裂变,致力于成为中国商业领域的综合服务商。

5. 产业赋能资源和服务的新模式探索

绿城服务加大对产业赋能资源和服务的新模式探索,基于产业和企业需求,通过产业与企业配套硬件与软件的定制升级,旨在打造赋能于客户需求场景中的价值创造者并将其与客户互动连接的新型平台模式。2020年,由杭州未来科技城(海创园)管委会和绿城科技产业集团(以下简称"绿城产业")共同建设运营的浙江(杭州)知识产权创新产业园正式投入使用,这是目前全国最综合、规模最大,以知识产权为核心提供全要素服务的特色产业园区,旨在打造全国首创的贯穿项目培育、引进、产业化等全生命周期的运营服务新模式。

绿城服务积极优化园区空间布局,引入综合性商业配套资源;量身定制智慧园区物联网一体化解决方案;实现关键产业资源的招引,设立创投基金,招引优质企业/项目、高新人才……打造优质的产业发展软环境。"i体验慧务服务"是绿城服务聚焦客户所需,为商业物业提供的专业化、个性化及定制化的商务会议服务。杭州未来科技城城市展馆是海创区域会务的起源地,后期孕育了梦想小镇、人工智能小镇、5G创新园、学术交流中心等多个会务团队,主要为杭州未来科技城提供规划展示、会议接待及园区活动开展等服务。针对会展中心,服务中心专门配置了会务服务部门,提供定制的特色会务服务。

中国城市化进程,如果离开了物业服务是不可想象的。建筑构成了城市的容貌,生活服务造就了城市的神韵。城市服务是绿城服务从住宅服务中慢慢延伸、不断研发而逐渐形成的服务产品,这种服务随着城市的发展而不断扩展其外延和内涵。绿城服务自2005年开始参与公建项目建设并打造了一批标杆项目。绿城服务从2006年开始提供公共物业服务,由服务园区业主转向更多领域,涵盖各类大型社会公建项目,并逐渐发挥优势,承担重大责任,参与城市管理。绿城服务作为

一把通向广大业主的"钥匙",突破基础服务,连接行业内、全国甚至全球顶级资源,提高供给能力,完善全业态布局,为公共物业带来高品质服务。

6. 以智慧服务平台,开创城市服务新空间

从基础物业服务到不断升级的服务运营体系,绿城的公共物业服务逐渐形成智慧服务(智慧校园、智慧楼宇、智慧园区)、园区运营(资产、空间、社群运营)和业务保障(安全管理、能源管理、后勤保障)三大平台,以此支持公共物业的高品质服务。同时,根据不同物业业态特征,设计针对不同需求的解决方案。绿城服务的运营体系涵盖政府公建、教育系统、卫生医疗、交通枢纽和旅游景区等。

物业服务行业在改善城市人居环境、提高居民生活品质、创新社会管理、促进社会和谐方面,起到至关重要的作用。城市的发展和生活品质的提升,将给物业服务行业的发展带来强劲动力。作为以商业模式运营社会公益事业的企业,绿城服务一直以来积极参与城市建设,做城市服务专家,推进城市精细化管理工作的开展,希望通过城企联动共建幸福城市。绿城服务所服务的钱江新城核心区是2016中国杭州G20峰会重要配套活动举办地。G20峰会服务要求高,设备精密、系统庞杂,从安保到参与服务联合国秘书长、国家元首、各国财长等特别任务,绿城服务充分展现了自身能力与价值,受到杭州市市长等领导点赞。峰会结束后,面对游客暴增,绿城服务通过科学设备调整、设置最佳观赏距离等行使景区服务、城市管理服务职能,维护好安全工作。从2009年济南全运村开始,绿城服务包揽所有全运村营造。绿城中国控股有限公司(以下简称"绿城中国")还参与2022年杭州亚运村场馆的开发建设,绿城服务也成为杭州亚运会赛事服务主要供应商之一。绿城物业为天津全运会赛事服务倾注心力:天津全运村话务员每人每天接听超过400通电话;保安人员持证上岗,还需懂法律、会安检、懂消防、会应急处理;保洁员要接受礼仪、卫生、安全等培训,工作区域有严格要求;"设备主管"不断巡检,每天走近14公里。运动会结束后,这里都蜕变成活力无限的大型品质生活区。2020年3月,绿城服务保安佩戴智能测温AR眼镜"慧眼云镜",脚踩平衡车,在景区内进行巡逻。"慧眼云镜"仅重100多克,可肉眼观测两三米内游人的体温,遇体温异常者,会警报提示,非常适合景区、商圈、车站、办公园区等移动巡逻场景使用。从最初尝试,到被30多个园区引入,这是绿城服务科技防疫网迭代进步的见证。

7. 融入城市和谐社会建设,以开放、共享的理念,共建美好生活新生态

物业服务企业在构建和谐社会的过程中,作为社区服务的直接提供者,当仁不让地承担着重要的社会责任。绿城服务在为教育系统、医疗机构、交通枢纽等业态服务过程中,在特殊时期、特殊情境中责无旁贷地承担起更多的公共责任。绿城服务共服务了56所学校。服务由细节组成。绿城服务围绕"育人",进行服务设计。2020年杭州高级中学的开学流程"云模拟"很多遍。开学当天,红外线测温设备+手腕测温+体温计,分流指示贴+一米间距指示标,让入校有序快速。帮学生搬运行李的物业人,每个人平均3万步。经过3个半小时,600多名高三学生顺利入学。绿城服务还承接了国务院领导、中国工程院院士、省委政府领导等的调研及视察团队会务和安保工作,并获得肯定。

开放、共享、连接是这个时代的重要特征。绿城服务认为,万物互联的时代,就

是要让产品连接服务,房子连接生活,万物连接美好。探索连接的奥秘,去发现、创造更多美好的可能。绿城服务将继续联合幸福同盟各方打造幸福共同体。幸福共同体的宗旨为:"与您一起共建幸福的未来!"

绿城服务秉持"优势互补、资源共享、创新共建"的原则,与知名研究机构共同研发,携手国内外高水平资源方,与实力卓越的企业进行多方位战略合作,强强联合,不断创新产品,引领行业,与近千个房地产商、政府机构合作,共同打造幸福同盟,为业主和市民打造幸福生活。"风物长宜放眼量",未来,绿城服务将欢迎幸福同仁、幸福同道、幸福同行形成强大的幸福同盟,强强联合,执行不息,始终保持服务者的信念、创新者的进取、奋斗者的激情,构建幸福生活新生态。

同道共识,方谓同仁,绿城服务将持续在包含物业服务的生活服务领域深耕。服务品质是核心,希望绿城的服务品质能够持续优化,还能为行业中的其他企业输出品质提升的产品,形成品质联盟,从而实现多方共赢。

生活之美,起于本心,落于微末。绿城服务一直秉持着为客户服务的初心,为客户提供更高价值的体验。绿城服务将继续以人为本,以社会责任为己任,坚守品质与安全,共创美好生活。

专家点评

专家问诊一:刘德明(中国物业管理协会副会长,中国物业管理协会标准化工作委员会高校物业服务企业联盟首任主席,山东明德物业管理集团有限公司董事长)

刘德明:我是一个"绿粉"。10年前住进绿城济南项目,感受到绿城服务的高品质服务,在这里问一个问题:绿城服务在22年快速发展过程中,如何造就和培养更多的项目经理?

翁亚飞(绿城物业服务集团有限公司副总裁):这是同行中持续关注的问题。绿城服务一直把人才培养作为企业的核心,更把员工的培育成长作为员工最大的福利,因此我们将人才晋升与培养进行挂钩,设计了五级培养体系。只有通过培训,顺利通过学业的员工,方有更广阔的发展空间。

项目经理是我们培养的骨干核心,是支撑绿城服务品质的擎旗人,因此对他们的培养方式更加多元化。一方面通过内部培养和新活力计划,以培训学院为支撑,在各大高校召开招聘会,通过一对一的师徒带教、总裁带教等,定向培养储备项目经理。另一方面从原有的员工队伍中选拔优秀的骨干人员作为培训苗子,我们称之为"千树计划",通过项目经理人才管理模型,从选育用留的角度匹配人员的"一心四力"。再通过岗位任职标准的不断验证,开展启航培训班、远航培训班,使其成长为一名综合管理能力较强的项目经理。

刘德明:绿城服务的智慧物业、数字化建设非常接地气,让服务更简单、更有价值,真正起到了让物业企业简单增效的目的,通过智慧化物业和智慧化建设能够提高物业企业的效益。中国物业管理企业资本化历程有3个标志性阶段,绿城服务上市,真正确立了品牌物业在投资者眼里的地位,资本市场开始关注物业服务。过去大的投资机构关注房地产,很少关注物业企业,绿城服务的上市给物业企业开了个很好的先例。对标绿城服务多年,感受最深的是它的人本文化,没有满意的员工,就没有满意的客户。绿城服务在造就满意员工的同时打造满意的客户,这是多年来绿城服务不断持续发展的根本原因。

专家问诊二:李书剑(中国物业管理协会名誉副会长,中国物业管理协会法律政策工作委员会主任,河南正美物业服务有限公司董事长)

李书剑:企业随着规模的扩大,不断进入新的市场。进入新的市场时很多是单个项目开始落地,就是点状布局多一点,团队遇到了一个问题,企业有了标准化质量管理体系,但在异地落地的过程中,存在品质管控标准和成本的问题,即随着管理半径的扩大,明显感受到管理品质的衰减,若加大管控力度就意味着管理成本的增加。所以想请教绿城同仁有什么好的经验可以分享。

翁亚飞:面对全国已交付在管的1600个项目,如何确保全国服务品质的一致性也是绿城服务一直在努力和探索的方向。绿城服务一直认为服务品质和成本管控不是一个矛盾体,而是一个共同体,只有服务做好了,我们才能取得客户的满意,才能够让经营、服务、发展更健康、更可持续。

因此,一方面我们借助科技手段来实现远程识别与监督,如通过线上的全国鹰眼平台、95059业主主动诉求平台、绿城生活App等科技化平台收集业主的诉求和反馈,让一线及时解决业主的诉求。另一方面我们实施业主共治,通过幸福里模式,让业主成为我们的监督"外援"。

同时,我们提倡开源节流。一边是堵,通过精总部、壮腰部和强项目,开展能源管理体系认证,提出"好品质,共富裕"的共富计划,从物的降耗和人的精简,实现服务中的成本节约。一边是疏,我们通过连接各类增值服务来增加园区收入,再将此类收入投入园区的品质提升和设备改造。

最后,我们做好与业主的关系维护,使物业与业主成为"园区共同体"。通过业主对品质的认可,形成正向反馈,对一般经营性费用、维修基金也会给予很多的投入和支撑,来保障小区硬件改善和生活品质改善,来平衡所需要的投入。

李书剑:我们一直知道绿城增值服务及园区生活体系是行业有名,且有前瞻性。随着大规模的全国布局,绿城服务体系在异地落地过程中遇到先天不足或条件不具备的情况时,有哪些好的办法去因地制宜地予以复制和推广呢?

翁亚飞:增值服务在全国推广上,集团和子公司是有分工的。集团形成资源网络,在全国开展资源的复制与连接。在集团的资源无法保障的地区,由子公司整合当地的优质供应商,如地方教育机构等,来保障其所在地区的服务提供。

当房产没有提供给我们合适的硬件来做增值服务时,我们尽量采取物业办公用房、经营用房来优化多功能用途。在前期租赁情况不好时,划出部分区域作为功能支撑。

专家问诊三：陈德豪（中国物业管理协会产学研专业委员会副主任、人力资源发展委员会副主任，广州大学工商管理学院教授、物业管理研究所所长）

陈德豪：看绿城企业就像看到华为、海底捞甚至延伸到日本稻盛和夫管理的企业，其优秀之处的内在是相通的，也就是强烈的人文精神和人本精神，正直诚信的企业文化，上下融为一体的公司氛围，尊重基层员工的首创精神等，这些都是好企业的共同特征。绿城的管理层怎么调动基层员工，尤其是刚入职不久的基层员工，如何把他们的才智和热情调动起来，用于企业的微创新、微改进？

陈昂（绿城科技产业服务集团有限公司副总裁）：绿城大量年轻员工是"90后"，即将迎来"00后"，在调动一线员工特别是年轻员工的微创新上，有两种方式可以分享。一是绿城有容错试错机制，基于这个机制成立容错试错基金。因为创新多数时候需要付出成本、教训、代价等，我们更多的是予以鼓励。基金一方面用于微创新的实践，另一方面奖励通过创新给公司带来服务和管理价值的团队。二是团队管理制度上的科技化运用，即通过智慧运营中心，自下而上进行科技化平台应用需求收集。如一线子公司智慧运营转岗收集各个项目上的创新和需求，或是好的点子，传到公司总部的智慧运营中心，共同研讨，对产品进行改进，之后落地实践，再通过实践结果进行优化，实现良性循环。

在线分享

1. PPT
（1）守正初心 服务迭新

（2）新科技、新技术在品质管理中的应用

2. 视频
绿城服务品质道与术

第五章

数字化物业项目管理服务

 学习目标

1. 了解数字化对项目管理服务高效执行、降低成本、全面管控等方面的需求；
2. 掌握数字化项目管理服务实现的步骤和要素；
3. 运用数字化支持物业项目管理服务的经验，指导本公司及当地项目管理数字化升级。

 学习指导

学习本案例，首先要深刻认识到项目管理数字化对物业服务高效执行、降低成本、全面管控的重要意义。然后分析实现数字化战略——内外兼修、双核驱动的三大步骤。推动提升企业效能、拓展服务范围、布局业主全方位触点、构筑生态合作模式，无限延展物业服务边界等目标的实现。最后要学会克服数字化转型中技术、人才、组织方面的障碍。

案例5：碧桂园服务：数字化变革驱动物业项目良性发展

案例材料

一、公司简介

碧桂园服务于2020年成立企业数字化服务品牌天石云。碧桂园服务将物业管理经验和数字化转型实践相结合，运用云计算与人工智能技术，致力于为物业企业、房地产开发商提供一站式的信息化、智能化产品与服务，助力客户降本增效、提质创收、拓展服务渠道。天石云平台旗下有天石经营、天石运营、天石物联和天石服务等四个领域。其中，天石物联旗下的智能安防系统，是基于AI图像识别算法的立体安防体系，以技术眼替代人眼进行"7×24小时"全时智能监控，利用物联网和人工智能技术提升业主在社区生活中的安全体验。随着新经济模式的不断涌现及移动互联网的兴起，各行各业都在不断变革，而物业行业更是首当其冲。科技化、创新化也正在全面改变着物业行业，物业行业早已告别了传统的物业服务范畴，在科技、创新、生态的加持下，正在向客户需求的管理者及社区生态圈的方向转变。

二、案例背景

2020年初，新冠肺炎疫情暴发，碧桂园服务的数字化转型成果得到了应用与验证。碧桂园服务全力开展疫情防治工作，运用智能化管理系统，线上实时监控疫情管控工作。其一，每日更新防疫数据资料库。建立起一套项目/单位/公司三级管控的疫情数据每日上报体系，在部分小区实现防疫智能化。其二，自动监控社区防疫消毒数据。通过工单系统对各个小区进行每日消毒管控，可实现全国各小区防疫消毒的自动化监控管理。其三，车辆追踪管控。通过部分小区的智能化设备，对进入园区的车辆及时统计并跟踪管理，掌控疫情重要因素。其四，应用信息化工单调度系统，后台管理人员在线发布防疫作业计划，并下发工单进行调度，物业管理、保洁等一线人员根据工单指令执行工作安排。

疫情终将过去，物业企业应对疫情的能力也成了对企业内功的考验。当物业行业、政府乃至整个社会，重新审视物业在防疫中所担任的社区管理者角色时，我们会看到物业行业的分水岭逐渐明晰——智能化水平是物业企业综合服务能力的重要衡量因素。在行业逐步走向精细化、集中化的浪潮中，物业企业要在市场竞争中立于不败之地，社区管理智能化和O2O服务将是竞争力的重要标签。

三、内容框架

1. 主要依据

（1）新基建政策。加速 AI 等领域的方案落地，更多的投入也带来了巨大的参与机会。但同时也面临市场上技术水平参差不齐、标准不统一、信息孤岛、数据不互通等问题，在后期升级和维护过程中遇到较大障碍。

（2）新思路。在后疫情时代，碧桂园服务向行业推出物业新基建社区智能化方案，把目前碧桂园在内部项目中已经使用成熟的方案打包，如物业收费系统、采购系统、设备管理平台和 SaaS 化部署的 AI 平台，以及标准化接口、标准化施工与标准化训练模型，对中小物业企业、园区、政府机构及老旧社区改造以全面、快速、低成本的方式进行升级，为国家新基建做好最基础的硬件配置和数据支撑。

（3）展望。物业未来一定会全面科技化，终端上报数据通过边缘计算和云端的数据处理，能够更有效地在设备端故障预测、业主端无感通行、社区环境治理和政府管理标准化接口匹配上得到发展，提高服务效率和质量，降低运营成本和风险。同时，也会将社区服务向业主端延伸，做到智能家居和社区管家的联动；社区能力向外延伸到智慧城市，在城市大物业方向有更多科技化服务场景。

2. 内容要素

数字化战略——内外兼修、双核驱动，主要包括三大步骤：第一步，基于业务场景与管理经验进行内部管理数字化，提升企业效能与服务范围；第二步，围绕多元模式打造业主服务数字平台，布局业主全方位触点；第三步，构筑生态合作模式，无限延展物业服务边界。

物业服务作为传统服务项目，进行数字化转型主要应克服技术、人才、组织方面的障碍。

（1）技术：数字化升级要求构建物联网、大数据、人工智能相结合的技术平台，凭借对物业服务的深刻理解提炼出业务需求。

（2）人才：数字化升级需要推动认同数字化价值的优秀人才落地，总部快速组建了 IT 人才团队，根据各大业务及职能部门的需求，进行敏捷开发。

（3）组织：数字化升级要求组织有创新与试错文化及机制。由于业务规模的快速扩张，集团、区域、项目的组织架构使得内部数字化在落地过程中遇到"信息时差"。为此，碧桂园服务成立数字化专项小组，深入一线项目进行需求调研、实施交付、敏捷迭代、用户回访以实现螺旋式上升的系统优化流程，在满足业务需求的基础上持续优化用户体验。

四、主要的成果及经验

（1）智能安防：利用图像识别技术实现自动报警，工单联动，快速响应处理，保证社区安全。

（2）智能电梯：自研的电梯黑盒子使用非侵入式的安装方式实现对电梯的监控，能够在电梯出现故障时立刻发送警告至相关人员，快速响应，避免安全事故。

(3)智能消防:对消防主机、消防栓、消防供水等关键设备进行监控,实现异常警告,预防消防安全问题。

(4)设施设备管理系统:利用物联网传感技术对设备房进行全时状态监控,智能预警,及时识别异常并自动触发工单,实现线下闭环。

(5)智能停车场:通过停车云平台,集成多家供应商硬件,实现车牌识别、微信缴费、后端数据分析、远程计费规则下发、访客远程授权等功能,同时建立数据管控体系来实现无人值守。

(6)智能门禁:支持蓝牙摇一摇、二维码扫描、人脸识别、访客远程授权等功能,实现无感通行,提升通行体验,建立无人值守体系。

(7)智能照明:支持光感、声感、雷达等技术,实现场景式启动,同时提供远程控制功能,帮助社区管理人员有效降低公共区域的能耗,营造绿色环保的社区环境。

案例分享

分享主题:管理数字化助力高质量发展

分享人:陈庆锋(碧桂园生活服务集团股份有限公司创新数字部总经理)

物业企业的数字化变革会有一系列内外部因素驱动,碧桂园服务的数字化亦是如此。

1. 内外部环境因素驱动

从外部环境来看,一是政策因素,随着疫情的出现,各地政府都出台了相应政策,疫情也让大家认识到了数字化的好处;二是经济因素,物业竞争环境非常激烈,万亿市场在资本赋能之下进入优胜劣汰,对整个行业都是较大挑战;三是社会因素,国家高层认可了物业行业在防疫中的重要作用,社区成为社会管理的"毛细血管";四是技术因素,随着社区服务成为风口,在模式和方法上不断推陈出新,物业行业进入高速发展状态,但也充满着不确定因素。

从内部环境来看,目前物业行业现状大致如下:①在成本结构上,行业人力成本平均占到50%以上;②管理模式由粗犷向精细化发展;③依靠物业费的收入模式比较单一;④陷入"三低"(专业门槛低、学历低、工资低)和"三高"(人力密度高、离职率高、培养成本高)的人才怪圈。鉴于以上因素,碧桂园服务认定,只有进行数字化转型才能实现企业可持续发展。

2. 聚焦三大问题,以数字化支持促进问题解决

在数字化转型中,碧桂园服务聚焦三大问题:如何在组织与流程优化上降本增效?如何为运营决策提供数据支持?如何改变服务模式,减少人力依赖?

物业企业的数字化变革有三大基石,首先是优秀人才的流动,需要认同数字化

智慧物业服务头部企业案例精解

价值的人加入;其次是组织要有容错文化和机制,不能因为一两次尝试失败就否定数字化变革;最后是技术能力,通过物联网、大数据、人工智能等手段帮助实现业务。

从碧桂园服务的数字化变革发展历程来看,主要有以下几个关键时间点:2015年构建智慧社区的方案蓝图,2016年开启云平台和云计算应用,2019年实现向行业输出解决方案。

3.内部管理和业主服务数字化是数字化落地的关键

在数字化落地上,主要从两个维度——内部管理和业主服务数字化来实现。

在内部管理上,碧桂园服务实现了一线人员任务工单化、服务过程可视化、阈值预警以及基于数据的绩效评定等。在社区收费环节,通过电子渠道缴费,可以尽量减少一线人员的干预,电子发票也由线上渠道发放,并且和财务系统实现一体化管理。在采购环节,碧桂园服务将功能权限下放给地方,大幅降低采购成本,提升效率。安防是社区功能的重中之重,在传统模式下,在一个监控室可以同时看到几百个摄像头,工作人员面对巨大的信息量会无暇顾及细节。而碧桂园服务全面采用的 AI 监控完美解决了这个问题,系统甚至可以做到每隔 5 分钟就进行一次全面安防巡检,有效提升了社区安全性。

在业主服务数字化上,碧桂园服务实行作业管理工单化。以报修为例,业主发现设备问题后,通过软件报修,系统接到业主的单后将会将其公布在平台上,维修人员需要抢单,并前往业主家中维修,由业主给出评价,只有收获好评才能拿到绩效工资。

当下大多数智能设备对于年轻人来说很方便实用,但对于老年业主来说学习门槛较高。为此,碧桂园服务专门打造了智能屏设备,将其安置在业主家里。智能屏设备的特色是纯语音交互,无论老人还是小孩,都可以很方便地呼叫物业管家。

为了更好地推动物业行业的数字化转型,碧桂园服务打造了天石物业云整体解决方案,该方案的使用可以在经营、运营、物联和服务四大象限上给物业企业的管理及业务带来极大的支撑,助力物业企业快速实现数字化服务和管理的有效落地。

 专家点评

专家问诊一:贺朋(光大置业有限公司副总经理,商务写字楼等级评价标准评审专家)

贺朋:光大置业以商务写字楼为主,疫情期间我们也在反思,也在探索如何构建城市居民综合体和提供怎样的服务。我想提一个问题:碧桂园服务在智能社区的管理内容和方案上,重点是什么?

陈庆锋:智慧城市的最小单元即智慧社区,智慧社区的构建对国家有很大作用。我们是从两个维度来思考的,分别是内部管理和业主服务的体验。内部管理上,我们需要考虑未来是怎样一个形态,并且分几大板块落实。包括大小脑智慧社区,大脑是指总部,小脑是项目里的指挥中心,它们能够相互配合。落地上,需要基于安全、绿色、环保、便捷等维度充分考虑。以通行为例,如何在保证安全的前提下,让业主更方便地通行?首先,业主从大门通过时,需要人脸识别才能进来,而汽车需要通过车牌识别,识别之后联动安防体系,进入管控名单库进行识别。来到楼宇之后,我们通过云对讲机刷人脸,进而实现对电梯的控制,整个过程安全又便捷。我们的安防模块也大量使用AI算法来管理,比如对乱停车的识别,通过人脸识别判断人的轨迹等。另外,还通过传感器物联网平台进行设施设备的风控,保障电梯、消防设备等能正常运行。在设备能耗优化方面,我们拿到设备后会进行优化改造。最后是提供增值服务,像充电桩、快递柜、智能信报箱等,有些是通过自身能力,有些是和外部资源合作,最终让业主能够享受更便捷的生活。

贺朋:听完分享,我有两大体会。第一,碧桂园服务打造了一个聚焦客户的新模式。创新,要围绕客户需求和政府要求,这样才会使物业企业的价值更突出、更实在、更接地气。疫情期间,我们也在考虑如何创新,碧桂园服务的案例给了我很大启发。第二,数字化改革是根据企业发展中出现的难点,采取方法解决问题。二者结合,对内修炼,通过系统化升级让自己做到最好,对外主动拥抱科技,赋能科技,开放合作,通过共享原则等把满足客户需求和提升企业能力结合到一起,这就是物业的价值优势体现,这样才会得到更多业主的认可,得到社会的好评,形成好的商业模式。核心资源掌握在自己手中,就可以把自己的品牌提升,增强企业复制能力。按碧桂园服务的模式,一定会让企业收入持续升高,经营成本下降。通过这次交流,我们掌握了新的知识,也解决了正在思考的问题。

专家问诊二:郝霆(中国物业管理协会产业发展研究委员会委员,好生活物业管理集团有限公司总裁)

郝霆:听了碧桂园服务在数字化变革方面的实践和运营策略的分享,我看到了数字化变革的巨大作用和成效。我国大部分物业企业在数字化建设方面还处于初级阶段。而数字化建设不管对企业自身还是物业管理方面,都是十分重要、十分有利的。碧桂园服务是如何通过数字化变革,让物业企业降低成本、提高效能的?又是如何运用数字化建设,让业主感受到物业的多样性细致服务,从而增加对物业的信任和黏性的?

陈庆锋:数字化是为业主服务的。在降低成本方面,我们通过优化服务和管控流程,达到能效最大化。例如维修人员的计件式薪酬,原本他一天只会接10个单,采用计件式薪酬后一天能完成40个单,他的收入提升了,企业的长期成本却得到了降低。再比如智能化改造,用设备替代人工的重复性工作,大幅降低人力成本。在业主对物业的信任度和黏性方面,我们建立了尽量多的渠道,比如400热线、微信公众号、小程序、App,作为业主声音的收集渠道,并在后端做拆解。数据分析上,要做到精准服务和精准营销,就需要系统化建设,为此我们找了大数据运营头部企业进行合作,我们的业主画像不仅包括和物业相关的信息,也包括业主全网信息的记录,构建业主的大数据模型。针对信誉不一样的业主,我们的服务方式也可以灵活变动。对信誉高的业主,我们甚至可以先提供服务后收费。

郝霆:关于物业行业的开源节流,陈总提到创新方法和模式,包括针对物和人进行区分,提供服务,对于这方面很多物业企业的想法还存在混淆。对于通过优化流程降低成本的方式,我是特别赞同。企业大部分问题出在流程方面,碧桂园的经验值得所有物业企业学习。此外,智能化改造是未来趋势,不管大企业或中小企业,都需要往这方面走。通过智能化改造,能够大大降低物业成本。碧桂园服务利用多个渠道建设来收集业主需求并形成闭环的经验也值得我们借鉴,一个企业发生任何事,都需要进行信息的传递,建立首问责任制,每一步进展都需要反馈给告知你的人。

在线分享

1. PPT
数字化变革驱动物业项目良性发展

2. 视频
(1)陈庆锋:数字化变革驱动物业项目良性发展

(2)专家问诊:林常青、李长江、杨熙、王宏杰、郝霆、贺朋

第六章

数字城镇全域服务

 学习目标

1. 了解物业企业在专业化、数字化、全域化城市公共管理服务中的地位与作用;
2. 掌握运用信息化手段赋能城市精细化管理的方法;
3. 能够结合公司和当地实际开展物业行业可涉及的智慧化场景应用。

 学习指导

学习本案例,首先要充分认识物业企业在专业化、数字化、全域化城市公共管理服务中的地位与作用,增强探讨城市公共管理服务的积极性。其次要掌握城市公共管理服务需求分析方法及政策依据,从中知悉物业行业智慧化升级与社会治理体系现代化的政策契机,以及城市数字化公共管理服务应用场景及相关需求。最后要掌握物业企业升级智能设备和打造智慧管理系统的方法,助力社区、城市管理,提升社会治理的精细化水平。

案例6：保利公共服务：构建公共服务数字城镇

案例材料

一、公司简介

保利物业服务股份有限公司（以下简称"保利物业"），是保利发展控股集团股份有限公司旗下的子公司，成立于1996年，如今已发展成为品牌价值超过135亿元、企业综合实力居于全国前五位的大型物业服务企业。致力于发展全业态管理的保利物业，业务遍及北京、上海、广州等184个大中城市，在管面积约3.8亿平方米。所服务的项目业态丰富，涵盖普通住宅、高端住宅、写字楼、政府办公楼、商业综合体、城镇物业、景区物业、酒店公寓、院校、医院等多种业态。在"大物业"发展战略的引领下，在国家"十四五"规划带来的全新发展机遇下，作为大物业时代的国家力量，保利物业将全方位践行"善治善成，服务民生"的企业使命，为国家经济与民生福祉的新发展，创造物业服务的"软基建"价值。应国家政策和当地政府智慧化治理的号召，保利物业先后在浙江多个乡镇实行智慧化治理试点，同时在江苏省无锡市参与运营锡东新城数字化智慧城管指挥中心，通过全域化服务一网覆盖、智慧化民生一网通办、数字化管理一屏通览等智慧化手段助力社会治理精细化。

二、案例背景

2014年3月，中共中央、国务院印发了《国家新型城镇化规划（2014—2020年）》，明确提出要推进智慧城市建设，通过统筹城市发展的物质资源、信息资源和智力资源利用，推动物联网、云计算、大数据等新一代信息技术创新应用，实现与城市经济社会发展深度融合。2016年，国家与各省市"十三五"规划陆续出台，把智慧城市建设作为未来城市发展的重心。同时，政策与文件从总体架构到具体应用等角度对智慧城市建设提出了鼓励措施，一系列政策的颁布与实施为我国智慧城市建设提出了方向与目标。

2020年，备受关注的新型基础设施建设（以下简称"新基建"）被首次写入政府工作报告。官方首次明确了"新基建"的范围，包括信息基础设施、融合基础设施、创新基础设施三个方面。推进数字基建成为抢抓疫情后产业分工调整机遇、构筑竞争新优势的必然选择，国家提出要运用大数据提升国家治理现代化水平，要建立健全大数据辅助科学决策和社会治理的机制，推进政府管理和社会治理模式创新，为推进国家治理体系和治理能力现代化打开技术赋能的路径。

随着智慧城市和物联网等技术的发展,数字科技在直接改造着传统行业的同时,也助推着社会治理的数字化转型和运营,成为与民众生活息息相关的民生工程。

物业作为社区基层治理的"最后一公里",长久以来连接着群众生活的众多基础场景。随着近年来越来越多的物业企业走出社区,参与到政府的协同治理工作中,物业逐渐成为社会治理的重要一环。2017年,保利物业作为全国性大型物业企业,已经通过数字化转型,运用"互联网+物联网"技术,围绕提升用户体验、社区安全等目标开展智慧社区建设。同时,随着国家战略中的布局规划和"大物业"战略的推进。保利物业从小场景到大空间,让智慧服务的应用场景,走出社区,走向商务写字楼,走进公共服务。基于"大物业"的全域化、全场景视角,智慧社区建设已经融入智慧城市建设。

2020年,保利物业升级企业战略,以"大物业时代的国家力量"定位自身,并以"大物业、小场景、新商业、数字化驱动"作为战略路径,从信息化管理和智慧化服务着手,用科技改进对服务需求的把握和响应,以数据推进新型城镇化建设。

三、内容框架

1. 主要依据

2014年3月,中共中央、国务院印发了《国家新型城镇化规划(2014—2020年)》,明确提出要推进智慧城市建设,通过统筹城市发展的物质资源、信息资源和智力资源利用,推动物联网、云计算、大数据等新一代信息技术创新应用,实现与城市经济社会发展深度融合。强化信息网络、数据中心等信息基础设施建设,促进跨部门、跨行业、跨地区的政务信息共享和业务协同。强化信息资源社会化开发利用,推广智慧化信息应用和新型信息服务,促进城市规划管理信息化、基础设施智能化、公共服务便捷化、产业发展现代化、社会治理精细化。增强城市要害信息系统和关键信息资源的安全保障能力。

2019年,我国出台《2019年新型城镇化建设重点任务》《智慧城市时空大数据平台建设技术大纲(2019版)》。

2020年3月,习近平总书记在杭州考察时指出,从数字化到智能化再到智慧化,让城市更聪明一些、更智慧一些,是推动城市治理体系和治理能力现代化的必由之路。

2020年5月,李克强总理指出:要加强和创新社会治理;健全社区管理和服务机制;加强乡村治理;支持社会组织、人道救助、志愿服务、慈善事业等健康发展;保障妇女、儿童、老人、残疾人合法权益;完善信访制度,加强法律援助,及时解决群众合理诉求,妥善化解矛盾纠纷;开展第七次全国人口普查;加强国家安全能力建设;完善社会治安防控体系,依法打击各类犯罪,建设更高水平的平安中国。

我国推进智慧城市建设以来,住建部发布三批智慧城市试点名单。截至2020年4月,智慧城市试点数量已达290个。加上科技部、工信部、国家测绘地理信息局、发改委所确定的智慧城市相关试点数量,目前我国智慧城市试点数量总计已达

749个。

在我国新型智慧城市的建设推进中,逐步暴露出诸多问题,包括信息孤岛普遍、智慧城市重复建设、特色不鲜明、千城一面等一系列问题。因此,保利物业基于城镇全域化管理经验,不断探索、参与智慧城镇建设,关注行政管理者视窗和居民服务视窗的打造,专注于基层社会治理层面,为基层管理者提供决策支持和执行力保障。

保利物业注重措施的科学性,实现政府提升基层治理的精细化与智慧化程度,加强全过程的管控能力,增强反馈及时性,降低管理成本,提升管理效率的需求;同时解决服务对象关于管理过程透明公开,增强信任感与参与感,关注服务针对性与及时性的诉求。保利物业通过打造"一个平台、两个界面、三个视角"的智慧化系统,成为一个覆盖公共服务全业态,数据统一、业务流程统一、管理统一的平台;同时,接驳委托方和服务对象需求,成为沟通双方的服务平台。

2. 内容要素

保利物业主要通过对城镇管理资源(财政预算、人员编制等)的优化配置,来实现城镇管理集约化、精细化、系统化。

保利公共服务业态的公共性特点,决定了保利物业城镇管理信息化系统需涉及委托方、服务对象和服务供给方。因此,信息化的基本出发点应立足于"以委托方为主导、保利公共服务为主体,服务对象积极参与"三位一体。委托方既需要引入社会化机构,提供高效优质服务来满足人民群众的需求,也希望在此过程中以社会化机构为抓手,落实精细化、智慧化管理要求;服务对象希望得到优质服务,所反馈问题得到及时解决;供给单位希望在提供优质服务的同时有效节约管理成本。

在响应国家民生工程政策、推进城镇数字基建方面,保利物业以互联网、物联网、大数据、云计算、人工智能等技术手段为牵引,将保利公共服务与城市建设管理深度融合,通过新型智慧管理模式,助力基层社会治理精细化,提高政府管理效能,实现政府、企业、居民三方共建共治共享。

2020年12月11日,2020推进改革创新、促进大中小城市和小城镇协调发展论坛暨社会治理与协同创新中国镇长论坛在江苏无锡举行,数百位基层社会治理一线的区长、镇长参观了无锡市首个"城市公共服务"试点项目——锡东新城商务区2020年度城市综合管理服务暨社会治理体系创新试点项目,深入了解了保利物业通过数字化智慧管理,协同锡东新城政府全面推进区域社会治理现代化实践。在锡东新城全面推行的"大数据+网格化+铁脚板"治理机制,以新型智慧城市建设为中心,保利物业与锡东新城一起,为镇长们精心描绘了一张区域社会治理现代化新蓝图。

在江苏省无锡市锡东新城,保利物业和锡东新城政府携手,采用"政府+企业"创新运营模式,通过数字化智慧城管指挥中心的"天眼",集约化、智能化地监控城市管理和治理工作动态,将治安、保洁作业的时效性提升了近60%,全面推动城市治理水平的提升。

在锡东新城数字化智慧城管指挥中心,有一面由56块LED显示屏组成的大屏幕,它是锡东新城数字化智慧城管指挥中心的"眼睛"与"大脑",集成了物联网、云计算、大数据等各种现代信息技术,帮助物业实现智能化、标准化、快速化的城镇全域管理,以及"7×24 小时"的全天候、全领域应急响应。2020 年 6 月,智慧系统正式投入使用,包含行政执法管理、保洁作业管理、建筑工地管理、垃圾清运管理、物业服务管理、公厕运行管理、市政设施管理、公共服务管理等 10 项子系统。

以智慧城管综合处理为例,综合看板对保洁作业管理、垃圾清运管理、公厕运行管理、行政执法管理等子系统的数据进行了汇总和分析,并通过图表、数据等更加直观的方式展现出来。

通过智慧系统,在锡东新城商务区范围内,所有环卫作业车辆,包括清扫车、洒水车等的作业情况,都能一目了然。每辆环卫车都安装了专用一体机,能够对车辆实时位置、清扫状态、作业轨迹、清扫里程、违规情况、清扫质量等信息进行综合监控。在日常数据积累中,汇总了近半年的车辆作业过程数据,通过对车辆作业里程、作业趟数、违规次数等数据的分析及比对,实现对车辆清扫任务执行情况的精细化管理。同时,对每一辆环卫车安装了实时摄像头。通过监控,可以对车辆清扫情况有一个更为直接的判断。

同样,在"人员保洁"模块中,保洁人员分布、到岗情况等信息都能在地图上直观呈现。不同颜色代表不同的作业状态:蓝色图标代表正常作业,红色图标代表违规滞留,灰色图标代表人员离线。锡东新城商务区范围内的 148 座垃圾收集点、19 辆环卫垃圾收运车,也全部安装了智能监控系统,垃圾处理情况如何、车子在哪里及状态怎样,都一目了然。

锡东新城正处于产城融合、高速发展的阶段。在充满活力的产业发展过程中,伴随而来的是大大小小的施工工程。安全文明施工、绿色施工成为新区发展的内在要求,提升锡东新城工地精细化管理水平势在必行。针对此种情况,保利物业配合当地政府在集中安置工棚区安装了热成像双光谱网络智能球型摄像机,摄像头对整个工棚区进行 24 小时不间断滚动扫描,一旦发现有区域温度异常或有烟雾,经热成像设备判断后,立刻向监控中心报警。可以说,集中安置工棚区的安全保障,全靠天眼实时监控。只要有异常热源,工作人员第一时间就能发现,这对集中安置工棚区的消防安全问题预判有很大的帮助。

再如针对工地出入口的监管,所有在建工地出入口的探头都已接入指挥中心。指挥中心由专人滚动查看工地视频,一旦有车辆冲洗不到位、抛洒滴漏的现象,后台工作人员会第一时间通过 App,通知城管所属保利网格员和保利人员一同前往查处。

为保证服务管理的公正性、有效性,保利物业对网格员实施实时执法情况记录,包括实时巡检情况记录,以及城管队员的实时执法情况记录。通过随身佩戴的执法记录仪实现实时传输。有了执法记录仪跟大厅的实时连接"直播",可实现协管过程可视化、管理全程记录、现场视频取证。同时,指挥中心可以综合各个画面进行研判、调度,实现可视化指挥。一方面,可以更好地掌握网格员的工作状态,避免协管过程中的推诿扯皮现象。另一方面,如遇突发情况,通过他们身上的这个

"眼睛",也能第一时间知晓、掌握,这对网格员来说也是一种保护。

在日常巡查管理工作中,对于发现的问题,城市网格员通常采用疏堵结合的工作方式,秉持"先服务后管理"的原则,与当地居民加强沟通交流,建立良好关系。面对违规摆摊设点经营,首先劝导他们配合工作。若存在无法解决的情况,则及时拍照上报综合行政执法部门协助处理,并在处理结束后限时进行复查,严防问题反弹。

值得一提的是,这些子系统不仅投射运作于指挥中心大屏和办公电脑,更能通过每位锡东城管人的手机 App,实现"随时随地查"。这种远程化的监督、管理、调度,让现在的商务区城市管理机制的运行更加精细精准、高效及时。同时,这种先进技术也可为城市管理决策提供更加可靠的数据支撑。

四、主要的成果及经验

1. 进行设备智慧化升级,有效提升业主出行便捷度、提高社区安全性及增强设备运行保障

近年来,保利物业已在广州、杭州、武汉等多个城市进行项目试点,实施物联网建设,通过对设备进行智慧化升级,有效提升业主出行便捷度、提高社区安全性及增强设备运行保障。并在满足物业日常管理的基础上,扩展了增值运营工具及模式,解决业主日常生活需求。保利物业也因为数字化转型,提升了企业管理效能。

2. 引进智能门禁系统,运用大数据后台业主登记信息,解决通行顺畅问题

智慧赋能"便捷社区",在无障碍通行成为主流的当下,人脸识别信息收集仍然是物业经常会碰到的难题。社区流动人口多、业主出于隐私安全考虑的不理解、采集成本高……往往使无障碍通行建设无法顺利推进。保利物业通过引进智能门禁系统,运用大数据后台业主登记信息,即时生成通行证就能轻松完成。一个小小扫码框,简单的二维码,既保障了项目安全秩序问题,也以小成本手段,解决了人脸信息无法收集的难题。

3. 搭建智慧服务平台,提供线上管家服务,提高服务管理效能

通过前端微信线上服务平台和后端智慧 EBA 设施设备管理系统联动,业主可以轻松实现线上缴费、一键呼叫管家服务,并参与在线社区活动。便捷的操作方式,改变了业主的生活习惯,也为员工赋能。减轻员工的负担,让员工从一些烦琐的事务中解放出来,把更多精力放在有温度的对客服务上。通过 EBA 系统,对生活/消防水系统、配电系统、电梯系统、消防报警系统等,完成相关设备/机房安装智能传感器和智能摄像头,实现设备视频云监控、异常报警、精准决策,有效增强设备运行安全监管。数字化系统上线后,全国在线物业缴费率提升了 40%,设备故障处理速度也提升了近 60%,大大提高了企业管理效能。

4. 建立保利"和加优选"线上平台,为业主提供便捷优质生活服务

数字化转型同时惠及民生。以保利"和加优选"线上平台为例,只要是保利物业的业主,都能通过线上平台挑选到新鲜且优惠的蔬果产品。这些农产品,有一些是产自保利物业所服务的乡镇。通过连接与整合,江苏大闸蟹、新疆阿克苏苹果、江西脐橙、西藏青稞,这些特色产品实现产地直销社区。既解决了乡镇特色产品销售的渠道问题,也让新鲜蔬果进入城市的千家万户。

5.数字化转型延伸、重塑物业企业的价值链,提高了客户满意度

物业企业的数字化转型之路也是企业价值链重塑的过程,不仅能为物业企业带来组织优化和系统管理,最大限度降低管理成本,提高工作效率,还能实现客户资源共享,通过大数据分析获取各种客户需求,通过一站式服务平台与合作伙伴共同开展社会化服务,甚至深入到社会协同治理中。数字化转型延伸、重塑物业企业的价值链,提高了客户满意度,实现了物业企业与社区、社会服务机构等的融合发展。

移动互联网、物联网等智能化技术迎来井喷式发展,智慧化办公与生活已成为常态。数字化转型是大势所趋,通过智慧化手段的引进,可以有效解决城市化进程中存在的一些问题。数字化转型也是企业获取核心竞争力的利器。

6.关注政府社会协同治理的需求,找准"大物业时代的国家力量"自身定位

未来,结合政府社会协同治理的需求,公司"大物业时代的国家力量"定位,以及"大物业、小场景、新商业、数字驱动"的战略路径,保利物业的数字化建设以数据连通为核心,通过在线化、数据化、智能化三大融合,实现业务场景覆盖,推动智慧经营管理,辅助创造新业务模式。

保利物业将以"聚焦数据,服务智慧经营管理"为目标,一是以场景数字化思维,实现内部管理的全场景覆盖,达到数据可查看、可分析、可预测;二是以数据中心为核心,完成集团地产、商业等产业链资源的数据整合,以及合作伙伴生态资源的数据整合。基于以上内外数据的连通、治理和应用,用科技赋能,全面实现软基建,推进智慧服务。

案例分享

分享主题:保利物业的数字城镇

靳勤(保利物业服务股份有限公司副总经理)

2016年在行业内首次提出"公共服务管理"的发展思路,开辟了保利物业公共服务新板块,并在两年内实现新业态的跨越式发展,打造了城镇全域化服务管理和优选服务管理模式。积极探索物业行业与智慧城市、数字经济、智能服务设计的契合。于2018—2020年发起承办"社会治理与协同创新中国镇长论坛",推动了物业行业的发展及公共服务管理的创新。这里主要分享城镇数字化的政策背景,保利物业在智慧城镇探索中的实践与经验,以及保利物业将在未来搭建的信息化平台,构建多方共建共治共享的美好蓝图。

1. 数字化城镇应运而生

从现实背景来看，2020年初，新冠肺炎疫情突发，给我国治理体系和治理能力带来了一次"大考"。为阻断疫情扩散，国家把物业服务纳入疫情防控统一体系，要求物业企业做好各类社区疫情防控工作。面对疫情"大考"，保利物业第一时间响应各级政府工作部署，构建起涵盖住宅、商写、公共服务等多业态的全域化防线，彰显了大物业战略布局应对公共卫生危机的全域化管理优势。坚守防疫一线，助力复工复产，保利物业利用科技手段，推出智慧绿码、无人机消杀、"全息投影"交互电梯、智慧城镇管理系统等智慧防疫措施，对住宅、写字楼、公共空间等实施全力防控。

疫情中，智慧城市通过大数据、云计算和人工智能等，对城市管理系统进行统筹安排，以网格化社区管理触达相关机构和群众，为应对疫情决策提供支持。疫情过后，政府将会加大力度，通过"强治理、补短板、加基建"等手段，提升城市综合治理能力，稳定经济发展。物业服务将成为政府升级城市治理体系和治理能力的有力抓手，通过数字化赋能的方式，实现对于网格的智能化、专业化、精细化管理。

从国家政策来看，2014年3月中共中央、国务院印发《国家新型城镇化规划（2014—2020年）》，明确提出要推进智慧城市建设。

2016年，国家与各省市"十三五"规划陆续出台，把智慧城市建设作为未来城市发展的重心。同时，政策与文件从总体架构到具体应用等角度对智慧城市建设提出了鼓励措施，一系列政策的颁布与实施为我国智慧城市建设提出了方向与目标。

2020年5月，李克强总理指出，要加强和创新社会治理。备受关注的新型基础设施建设被首次写入政府工作报告。官方首次明确了"新基建"的范围，包括信息基础设施、融合基础设施、创新基础设施三个方面。

推进数字基建成为抢抓疫情后产业分工调整机遇、构筑竞争新优势的必然选择，国家提出要运用大数据提升国家治理现代化水平，要建立健全大数据辅助科学决策和社会治理的机制，推进政府管理和社会治理模式创新，为推进国家治理体系和治理能力现代化打开了技术赋能的路径。以"智慧化"提升城镇科学治理水平，物业服务必须跟上数字化节奏。

2. 城镇数字基建的保利思考与实践

在实践中，保利物业以浙江嘉善为试点建设新型数字城镇，通过搭建"一个平台"、开发"两个界面"、关注"三个视角"，实现了创新智慧管理新模式。

"一个平台"是指覆盖公共服务全业态，数据统一、业务流程统一、管理统一的平台；同时，接驳委托方和服务对象需求，成为沟通双方的服务平台。

"两个界面"是指业务界面和管控界面。业务活动涉及的模块主要包括作业管理模块、品质管理模块、增值服务模块。管控活动主要包括公司的HR系统、OA系统、ERP收费系统、核算系统以及资金管控系统。用以固化公共服务标准化作业流程，成为夯实品质管控的工具。

"三个视角"是指从用户角度来看，信息化平台需要满足委托方、服务对象和保利物业三方需求,使公司协同管理更顺畅、作业执行更高效,使服务对象体验更好,助力政府管理决策更科学。

通过管理平台化、平台标准化、标准数据化、数据信息化打造智慧平台,坚持服务下沉,建立统一的基层服务平台;坚持标准规范,固化操作流程和检查标准;坚持过程管控,记录服务管理痕迹;坚持创新发展,数字赋能治理现代化,数据向上集中,服务向下延伸。

在嘉善县某镇,由于当地没有专业物业管理,在公共安全、消防安全、环境卫生、交通出行等方面都存在很大缺陷。保利物业进驻后,根据政府需求,在硬件和软件两方面为该镇政府搭建了智慧城镇管理系统,通过整合城镇管理资源,构建基于网络数据体系的"治理-服务-监督一体化"信息环境,形成共建、共享、协同赋能的枢纽平台,实现对城镇全面管理与服务能力的加速提升。

平台结合三维GIS,利用感知设备,对人、车、物、环境等进行实时呈现。利用大数据技术,分析预测城镇治理发展趋势,为领导决策提供数据支持。通过后台数据采集分析,针对各项管理内容发生的频次、时段和位置进行研判,合理实施人员布控,精准进行位点巡查,对现场综合管理的巡逻线路、时段进行调整,强化服务管理,实现精细化管理。

3. 未来蓝图:共建共治共享

未来,保利物业将通过搭建灵活、敏捷型的管理平台,实施更精细的服务标准和扩大管理规模。

保利物业以互联网、物联网、大数据、云计算、人工智能等技术手段为牵引,及时收集社情民意,快速化解矛盾纠纷,全面排查安全隐患,有效减少居民投诉,提升居民满意度,提高城镇治理水平。保利物业将与城市建设管理深度融合,通过新型智慧管理模式,助力基层社会治理的精细化,实现政府、企业、居民三方共建共治共享。

保利物业的数字城镇化建设,未来将以物联的全域连接,数联的数据集纳,智联的共创共建,为发展与环境的相辅相成、生态与经济的共融共生、智慧与人文的美好同行,提供更具价值的公共服务。

专家点评

专家问诊一:李建辉(中国物业管理协会副会长,中国物业管理协会设施设备技术委员会主任,广州粤华物业有限公司董事长)

李建辉:保利物业提出的大物业概念让我感触很深,从物业企业单纯的社区管理性质推进到城市公共管理领域,保利物业在数字化、智慧化方面有着丰富的探索,成果颇丰。在使用信息化手段过程中,针对安全管理、预警预防方面和政府的联动,保利物业有没有可借鉴、可复制,能够形成行业标准的经验?

靳勤：保利物业对于单一应用场景有比较成熟的系统，但安全防范领域需要和政府、公安部门协同，这一块尚未整合成形。保利物业的安全防护系统目前已和公安系统接驳，进行技术整合，搭建综合性场景平台，让数字化系统实现更精细的运转。

李建辉：疫情期间，物业企业也参与了很多社区事务。我们发现，在公共管理过程中，物业企业首先不能缺位，但也不能"越位"和"错位"。政府网格化的信息分享体系，需要和物业企业的信息化系统相对接。在社区管理不断拓展其外沿、推进城市化管理的过程中，物业企业需要承担什么角色，是我们要好好去思考的。物业服务人员应知应会应做的事，如果做不到位，会危及业主人身安全。这需要一套可快速复制、可大范围推广的标准化机制，从企业到行业，从国家层面到国际层面，都是很有意义的。据统计，全国有600多座超高层建筑，在物业管理和资产管理方面我们还有很长的路要走，保利物业已经做了许多探索，也进行了很多专业化建设，通过科技赋能，展现现代物业的特点。我们期待更多头部企业在转型升级方面付诸实践，让物业行业的发展更好、更健康。

专家问诊二：余绍元（中国物业管理协会副会长，深圳之平物业发展有限公司董事、执行总裁）

余绍元：物业管理行业至今已发展了约40年，物业企业从最初的为房地产开发商提供售后服务，逐渐转型为现代服务企业。从住宅服务拓展到城市服务，物业企业的服务空间其实非常大，同时物业企业也需要有非常强的实力支持和丰富的经验积累。企业要具备怎样的软硬件条件，才能做好城市空间服务以及数字化管理？在城市行政职能的转变过程中，需要怎样和政府密切合作，才能做到相互支撑、有效分工，达到更好的效果？

靳勤：我认为要保证服务的可持续性，软硬件的投入缺一不可。硬件投入包括安防等基础设施，软件投入则包括数据和各种应用的开发，综合指挥系统的研发等，这要求企业具备研发和运用的能力。另外，还需要专业的数据处理平台、可落地实行的制度流程与标准规范等。物业企业需要直面一线，贴近民生和政府诉求，实现良好的管控效果，要具备专业的水准，才能真正推动数字化。至于物业企业与政府职能如何才能做到相互支撑，这涉及深层次的改革。目前各个政府部门板块相对独立，要相互协调，就需要打通各部门的信息壁垒，搭建一体化的指挥系统，这只有通过政府机构的改革才能实现。企业可以充分利用自己的市场化优势、资源协同优势、人员优势，找出适合当地政府的模式，并做适应性调整。政企双方共同投入，共同创新，相互信任，让企业配合政府职能，做到真正服务于百姓。

专家问诊三：黄安心（中国物业管理协会人力资源发展委员会副主任，国家开放大学开放教育现代物业管理专业主持教师，广州开放大学教授）

黄安心：长期以来，物业企业参与城市公共管理服务一直存在各种阻力和困难，保利物业在这方面实现了业务开拓，创建城镇公共物业管理模式，为行业提供了经验与借鉴。在这里我想问靳总一个问题：保利物业是如何抓住国家推进"智慧城市"建设的机会,参与"智慧城市"建设的?保利物业又是如何跟上数字化节奏,既创新城市公共管理服务模式,提升服务品质,又给城镇治理赋能,实现智慧城市共建共治共享的?

靳勤:参与城市服务是物业行业的趋势,但如果要真正融入城市服务,一定要练好自身本领。保利物业过去20多年来在各个业态做出了很多尝试,积累了丰富的经验,形成了自身的标准化模式和人才储备,这是最基础的要素。如果没有足够的储备就贸然进入新领域,一定会遇到问题。此外,很关键的一点在于,充分了解政府需求,我们做城市服务遇到的一大阻力就是一体化管理的缺失,这就需要我们完善管理措施,对零散的碎片式管理特点进行剖析,使相关问题得到有效解决,只有这样才能打动政府部门。

同时,我们的服务性质要清晰,不能完全为了经济效益和口碑驱动。保利物业兼具央企物业的责任,要为业主服务,让政府和群众满意,从最初的网格化管理平台到后期成为一个增值服务平台、综合化信息平台,在逐步发展中优化和解决问题。最后是紧跟政策,利用自身经验和技术优势切入,为政府提供更好的解决方案。在数据收集和整理过程中,不断改善服务水平、提高效率,不断创新,为政府提供精细化策略。企业要做好社区"最后一百米"甚至"最后一米"的服务,才能实现共建共治共享。

在线分享

1. PPT
保利物业的数字城镇

2. 视频
(1)靳勤:保利物业的数字城镇

(2)专家问诊:林常青、杨熙、李建辉、余绍元、黄安心

第七章

物业管理智慧平台

学习目标

1. 了解信息化建设对提升物业服务水平、推进物业服务智慧化的重要意义；
2. 掌握物业企业推进信息化建设，搭建物业服务智慧平台，以及创建服务品牌的做法与经验；
3. 学会通过智慧平台建设，持续提升业主生活品质的方法。

学习指导

学习本案例，首先要了解信息化建设对提升物业服务水平、推进物业服务智慧化的重要意义。其次要探讨遵循"以业务管理先行，系统应用全覆盖"的信息化建设原则，自主研发各种App及信息管理系统，完善财务管理、客户管理、内部管控等系统，丰富物业服务智慧平台应用内容的做法与经验。最后要了解未来社区智慧运营场景中，如何通过智能化设备建设，打造服务品牌，建立良好客户关系，整合业务系统信息，保障物业服务准确、高效落地，提高客户满意度。

案例7：南都物业服务：信息化、数字化发展的道路

案例材料

一、公司简介

南都物业服务集团股份有限公司（以下简称"南都物业"）成立于1994年，是中国首家登陆A股市场的物业企业。公司致力于为广大客户提供覆盖资产链、生活链管理的优质服务，类型包括物业管理服务、案场服务、顾问咨询服务与多元化增值服务，涵盖社区共性、个性价值需求，同时积极延伸城市更新类业务。服务对象围绕住宅、商业综合体、写字楼、产业园区、特色小镇、学校、银行、政府公建项目、河道、景区等多种物业类型。服务范围遍及浙江省内各大城市，并进入北京、上海、重庆、江苏等17个省（区、市），目前签约及中标项目约630个，涉及面积超过6000万平方米。未来，南都物业将依托多元化布局及资源整合能力，借助物联网、大数据、云计算技术平台的升级，打造集生活服务、资产管理于一体的智慧社区服务生态圈，实现从基础物业服务到智慧生活服务的跨越升级。同时，基于未来社区建设架构，不断完善"社区+"跨业态的现代服务业务组合，实现社区配套服务全生命周期覆盖，让客户享受更加轻松、便捷的生活。

二、案例背景

随着物业公司上市后资本市场对于物业"蓝海"的关注，2015年7月，《国务院关于积极推进"互联网+"行动的指导意见》中提出，要利用信息通信技术以及互联网平台，让互联网与传统行业进行深度融合，创造新的发展生态。它代表一种新的社会形态，即充分发挥互联网在社会资源配置中的优化和集成作用，将互联网的创新成果深度融合于经济、社会各域之中，提升全社会的创新力和生产力，形成更广泛的以互联网为基础设施和实现工具的经济发展新形态，让行业内企业纷纷看到了信息化、数据化对物业企业的赋能。随着云计算、大数据、业务中台等新型技术平台的不断发展，移动互联网技术的广泛应用，5G时代的来临，业主的生活习惯也发生了转变，促使物业服务需要进一步提升。南都物业为了在新的形势下提升服务效率和有效保证服务水平的标准化，开始了"物业+互联网"的升级转型。2015年，南都物业成立了全资子公司浙江悦都网络科技有限公司，吸纳了互联网头部企业的优秀人才，结合传统的物业服务人员，以保障南都物业的服务业务快速发展，更好地服务业主，打造南都核心竞争能力，配合规模化的快速发展，共同构建悦嘉

家智慧运营平台(以下简称"悦嘉家平台")。

随着物业行业整体不断发展,互联网技术的广泛普及,物业企业的信息化和智慧化建设也在不断推进。从 2014 年开始,随着大数据、云计算、O2O 的深入应用,行业的信息化建设也开启了新的篇章。南都物业同时思考自身的数字化战略,规划通过数字化建设打造内部信息共享、高效协同、流程再造、决策支持、物联网联动的核心数字化能力,配合南都物业整体业务的多元化发展,二者螺旋式同步上升。南都物业全力打造自身的悦嘉家智慧运营平台,将原有各子系统进行有机集成,实现智慧化管理、数字化管控,形成智能化运营,促进集团不断发展。

南都物业打造的悦嘉家智慧运营平台,以应用平台、物联网平台、大数据中心为基底。应用平台以多种设计理念和应用场景,通过多种交互端实现各类管理服务场景应用打造,包括办公管理系统、财务管理系统、客户关系管理系统、悦嘉家 App、悦园区 App、悦服务 App 等,共同组成智慧服务平台。物联网平台实现物与人的智慧连接,主要有 EBA 系统、FM 系统、车辆管理系统、消防远程监控系统、远程视频监控系统、智能门禁系统、充电桩管理系统等。大数据中心完成数据整合,实现数据报表的可视化展示输出,通过数据累计和不断分析,让整个平台逐步成为集团管控的"大脑",使管理、运营和服务更加智能。

悦嘉家智慧运营平台经过不断发展,目前在各个方面不断提升,支撑南都物业的内部管理水平和服务品质不断升级。

(1)客户服务:悦嘉家平台为业主打造专属的悦嘉家 App,通过在线的方式为业主打造便捷的物业服务、生活服务、邻里交流与商圈服务的社区生活服务平台。

(2)品质管理:通过悦嘉家平台中的悦服务系统,使南都的管理服务流程实现标准化、可视化,使物业岗位的日常工作实现电子化操作、数据化管控,提升整体的服务效率。

(3)内部管控:整个悦嘉家平台通过系统流程的不断优化,提高内部的管理效率,提升各部门之间的互相协作。同时通过财务管控系统和业务系统的联通,在进行财务有效管控的前提下,将业务和财务有机结合,大幅提升总部在各方面对项目的支持力度。

(4)物联网:通过悦嘉家平台中的物联网系统,对目前在管项目的各类设备的运转情况进行采集、汇总,监测设施设备的运行维护情况,保障设备正常安全运转。同时使用 AI 技术,对各项目的实时画面进行动态分析,实现对于项目品质的保障。

(5)数据中心:通过各个系统的数据采集,目前已经初步形成业务运营数据的互联互通、相互共享,实现事前预警、事中控制、事后分析评价,由结果控制转变为过程监控;同时能够及时、准确、全面地反映整体运营情况,为公司的智慧化管理和数据化运营提供了技术保障。

三、内容框架

1. 主要依据

在南都物业的信息化、数字化发展道路上,初期主要是在信息化建设上面临两方面的挑战:一方面,面临业务发展的挑战,包括客户要求越来越多样化,整体的业务复杂度持续提升,业务不断发展引发业务流程变更频繁,公司经营与决策需要精细化数据驱动及公司人员培训等业务调整;另一方面,面临技术上的挑战,需要解决快速提高运营效率、提升业务支撑模块灵活性、降低通用模块开发成本等问题。

为了构建一套适应集团发展需要的信息化管理系统,南都物业对自身的信息化建设做了相应的部署和规划。

2. 内容要素

集团首先制定了南都信息化、数字化建设的总体目标:在管理上要支持管理方式的不断变革,实现数据互联、协同赋能和精细化管控;在运营上要能达到质效提升,实现快速响应和便捷操作;在商业上要支持业务创新,协助商业运营,创新商业模式。

根据目标,集团确定信息化建设的指导原则为:归口管理,业务优先;统筹规划,分步实施;统一标准,互联共享。

(1)归口管理,业务优先:组织专门的部门负责需求管理、预算管理、具体实施、运行维护;以业务优先为原则评估系统功能的必要性和优先级。

(2)统筹规划,分步实施:以效益为目标,以需求为导向,以应用促发展,以实用为准绳;业务管理先行,系统应用全覆盖;分步开展信息系统的建设和推广应用工作。

(3)统一标准,互联共享:建立和统一信息基础标准;建设信息双向互动共享平台;构建信息授权体系。

在指导原则的基础上,确定技术架构,以"1+3"的模式打造南都物业的智慧运营平台,以应用平台、物联网平台、大数据中心为基底,打造一个智慧运营大脑。

四、主要的成果及经验

1. 自主研发信息管理系统,为物业服务智慧运营平台打下基础

在应用平台上自主研发了悦嘉家 App、悦园区 App、悦服务 App,以合作定制化开发的方式引入并完善财务系统、客户管理系统、内部管控系统等,确保做到业务管理先行、系统应用全覆盖。在物联网平台上,逐步引入了 EBA 系统、FM 系统、车辆管理系统、消防远程监控系统、远程视频监控系统、智能门禁系统、充电桩管理系统等,并根据各项目现场管理实际需求,逐步进行改造。在数据中心的打造上采用分步实施的战略,通过中台的搭建逐步完善和清理数据,实现数据的可视化输出。同时,不断完善集团的信息基础标准体系,包括数据元素标准、信息分类编码标准、用户视图标准、数据库标准等,集团顺利通过 ISO 27001 信息安全管理体系认证及 ISO 20000 信息技术服务管理体系认证。

2. 实现管理项目服务流程标准化、可视化

目前整个平台的初步架构已经完成,悦嘉家 App 经历了不断的迭代升级,目前已经在南都物业管理的住宅项目中广泛应用,业主足不出户即可享受便捷的物业服务、生活服务、邻里交流服务和商圈服务等一系列在线服务。悦服务系统已覆

盖南都管理项目的95%，实现管理项目服务流程标准化、可视化，对物业岗位的日常工作实行电子化操作、数据化管控，提升整体服务效率。平台内部管控的系统通过流程的不断优化，促进各部门之间的互相协助，实现业财互通、信息共享、移动实时办公，提高内部管理效率，更多地支持一线团队。通过物联网平台和逐步升级，目前已经实现项目监控画面的统一管理，通过AI技术的应用，实现画面动态分析、重点部位实时监管。通过EBA系统监测设施设备的运行维护情况，保障设备正常安全运转。通过工单系统实现运行维护的准确及时，通过车辆集中管理平台实现在管停车场的集中管控、远程监管。同时，电梯管理系统、消防管理系统以及南都自主研发的无线巡更系统、智能门禁系统、充电桩管理系统等多个物联网系统，也在不同项目中广泛应用。

3. 引入人工智能等智慧化设施设备，提高工作效率

南都物业的数据中心已经初具规模，各系统的数据可视化工作持续进行，集团可视化数据大屏采集各类重点系统的主要数据进行实时展示。集团支持的BI数据决策系统也初具形态，为集团的智慧管理打下坚实基础。随着科技的不断发展，南都物业不断尝试引入各类机器人产品，逐步尝试使用机器人来提高工作效率，目前已广泛使用清洁机器人、访客机器人、巡逻机器人等各种机器人产品。

4. 不断完善悦嘉家平台功能，积极参与到未来社区智慧运营的场景中

随着浙江省推行未来社区，南都物业积极参与未来社区建设，不断完善悦嘉家平台功能，结合未来社区智慧运营场景需求不断予以改进。

南都物业的信息化、数字化建设之路经历了从传统软件系统化逐步走向信息化、数字化，目前正朝着智慧化方向前进。信息化、数字化、智慧化建设之路任重道远，随着城市大脑的不断完善，物业的智慧管理平台将成为建设智慧城市、完善城市大脑的智慧小脑。物业企业的信息化、数字化、智慧化建设，将会为企业变革、行业赋能及推进社会智慧化做出重要贡献。

案例分享

分享主题1：南都物业智慧平台在实际工作中的经验与分享

崔炜（南都物业服务集团股份有限公司客户总监）

南都物业在物业信息化、社区智能化改造，以及大数据集成等相关系统的开发与实施方面积累了一些经验。

1. 智慧物业的业务实力与业绩成果

智慧物业是指通过物联网、云计算、移动互联网等新一代信息技术的集成应用，将物业的各个单位紧密连接起来，实现数据的融合，建立起高效的联动机制，为

业主提供一个安全、便利的智慧化生活环境。智慧物业会比传统物业带来更舒适的体验与更高的满意度。

随着物联网的不断完善,智能技术渗透到各行各业的众多领域。智能技术的快速发展改变了我们的生活方式,也极大提高了社会的运行效率。

同样,随着智能化的到来,企业的生存、竞争环境逐渐发生变化。对于企业而言,"智能+"无论是作为战略手段还是战术手段,都发挥着举足轻重的作用。

智慧物业是为了打破传统社区物业服务的效益低、周期长、信息封闭等问题,其在方便业主与物业、优化社区的同时,具有很高的运营价值与前瞻性。

物业管理已经从传统服务开始走向房屋管家、生活管家、资产管家等,核心内容发生了根本变化。现在的广义物业管理将从被动服务走向主动服务,企业要努力开发业主价值,不断给业主推送各种服务,提高业主忠诚度。悦嘉家便是这样一套应运而生的服务系统,从早到晚每个时段都能为业主提供信息通报和服务。

2.南都物业智慧平台——悦嘉家

悦嘉家致力于在公共界面的物业服务基础上融入房服务、家服务、车服务、配送服务、快递服务等系列服务,搭建一个让业主生活便捷、居家无忧的一站式生活服务平台,让业主不出小区即能解决与生活息息相关的各类问题,为构建新型邻里关系及创建智慧社区奠定基础。

悦嘉家App面向住宅区管理的终端,涵盖物业缴费(物业账单,手机支付)、物业服务(入室维修,投诉表扬)、一键开门(手机开门,方便快捷)、邮包(物业代管,安全放心)、邻里圈(睦邻友好,和谐社区)、家政服务(居家清洁,快速焕新)、访客通行(亲友来访,无须登记)、悦购(南都精选,业主专享)等业务。

3.悦嘉家的应用价值

悦嘉家平台的开发和运营执行"创百年卓越服务企业"的使命、符合七色花文化价值观以及"智慧管理,人文服务"的要求,满足业主需求,打造更智能的社区管理,实现快速响应,提供优质服务。悦嘉家App的打造顺应了行业趋势,带来的改变有沟通更便捷、居家更轻松、服务更全面、管理更精细等。

1)物业App解决方案

(1)物业报修解决方案:业主可以通过App在线预约物业公司的维修服务。维修单以工单的形式在后台流转,从业主提出维修需求到维修完成、客服回访,所有重要信息都记录在案,形成物业公司的维修台账,提高维修服务质量管控水平。业主可对维修结果进行评分、点评,以确保较高的维修质量和客户满意度。

(2)物业账单及在线缴费方案:业主可以收到物业费、停车费等每月账单。业主入住后,通过App即可直接查看每月的物业账单信息并缴费。系统内置账单管理系统,可实现物业内部的账单和财务管理。也可以与物业现有的物业管理系统对接,所有账单数据均可直接来自物业管理系统。支持在线缴纳物业费功能,业主可通过支付宝或微信在线缴费。

(3)物业通知解决方案:物业公司通过后台发布物业通知,业主可及时收到推送消息。

(4)社区市场解决方案:物业公司可通过App发布交易信息,包括二手交易、房屋租售等信息,打造社区交易市场,为物业多种经营提供新的渠道。所有交易信息通过物业审核通过后,才能在App中展现,确保信息的真实性和安全性。可与后台物业租售管理模块打通,实现一体化管理。

2)南都物业智慧平台用户相关问题解决方案

(1)投诉建议解决方案:业主通过App向物业公司提出投诉或意见,物业公司后台接受并及时回复。所有投诉建议单都在后台保留,形成台账,清晰保留每一次的业主投诉建议记录。物业公司回复后,业主在App上可见回复并进行评分。

(2)快递收发解决方案:业主包裹到达小区后,物业客服根据包裹上的具体地址,向业主推送快递包裹领取信息;业主也可在App中通过输入快递公司名称及订单号,查询自己包裹的配送情况。

(3)物品租借解决方案:业主通过App,可以向物业公司借用物品。物业公司可以在后台查看物品的借用情况。物品借用模块与物业内部管理的物资管理模块对接,能形成物资管理的库存台账。

(4)访客通行证解决方案:访客要进入小区,业主可直接通过App发送短信作为访客通行证,访客将收到一条短信,短信内包含了一个6位数的访问验证码,门卫对访客验证码进行比对确认后,即可放行。

(5)电子放行单解决方案:业主将家居物品搬出小区时,可通过App发放电子放行单。发放后,运送物品的车辆在经过门卫时,凭借电子放行单经信息核对后出门,从而增强安全性。

(6)便民服务解决方案:按家政、洗车、二手交易、家教等分类模式,展现社区周边的便民服务设施。通过LBS(基于位置服务),优先展示距当前用户较近的便民服务设施。所有入驻的便民服务企业,均与运营商预先订立专属优惠条款。用户可以直接通过App预约周边的便民服务,享受便利与实惠。

(7)社区朋友圈解决方案:业主可以在社区朋友圈中发表文字和图片等信息,可与其他业主互动分享。朋友圈是业主之间及业主和物业之间交流互动的平台,可极大地提高平台活跃度。

(8)社区活动解决方案:以轮播大图的模式,展示社区的各种商业、文化、体育、社会活动。一方面,用户可以通过App,报名参加自己感兴趣的活动;另一方面,对于已经举办完的活动,可以展示活动的内容及精彩图片,与居民分享。

(9)电商平台解决方案:将城市的商家整合于一体,提供社区周边商家的店面信息、商品在线购买信息。采用商家店面模式,所有的加盟商家可在App中开店,在线销售商品,并支持支付宝、微信在线支付模式,打造基于加盟商家的移动互联网手机商城。

商家可以通过App在线销售商品,支持在线支付、货到付款两种模式。后台有订单管理、库存管理、财务管理等电商进销存功能。

4. 悦嘉家的四大核心智慧功能

(1) 业主报修报事系统：业主在线报单、入室维修、公共维修，15分钟快速响应。

(2) 在线缴费系统：业主不出家门，在线缴纳物业服务费、车位服务费、公共能耗费等。

(3) 邮包智收智取系统：邮包到达及时通知，一件一码收取，高效安全。

(4) 智能人行门禁系统：摇一摇、点一点，手机轻松开启社区大门、单元门。

分享主题2：持续创新的高品质服务体验

金新昌（南都物业服务集团股份有限公司首席质量官）

在信息化时代，物业管理模式与客户服务需求已发生转变。物业企业应跟随行业变革，不断提出新的服务理念，利用新技术为物业服务提速。南都物业创造持续的高品质服务体验值得分享。

1. 关注多元化客户及客户多元化需求，是创造持续的高品质服务体验的基础

自物业管理正式进入中国以后，随着房地产企业的快速扩张，物业行业也在数十年间获得了飞速发展。近年来，物业行业发生了颠覆性变革。物业服务不再只是简单的"开个门""换个灯泡"。客户的服务需求也发生了较大的变化。物业企业为应对这种变化，实施组织转型，打造以客户为中心的组织文化，关注多元化客户及客户多元化需求，创造持续的高品质服务体验，这为企业的长远发展打下了坚实基础。

2. 以酒店金钥匙管家服务，为客户提供周到、优雅、尊贵、定制化的服务

南都物业作为独立的第三方物业企业，走在变革前沿，提出了"智慧管理，人文服务"的服务宗旨。围绕客户需求，打造管家服务体系，结合酒店金钥匙管家服务，配套五星级酒店服务系统，为客户提供周到、优雅、尊贵、定制化的服务。将酒店式服务模式用于物业管理是一次重大尝试，也是一次重要突破。物业服务客户是长期稳定的群体，因此需要一个强大的服务团体去支撑。物业行业未来发展趋势也依托专业化的管理以保障品质，南都物业拥有战略合作性专业安保、清洁公司，提供专业的高品质服务。

3. 将客户服务与客户资源利用有机结合起来，力争做到保客户、创收益二者兼顾

如今的社会发展进入信息技术时代，在互联网和社群运营的时代发展大趋势下，如何保持稳定的客户群体，是企业生存之本。南都物业在保证高品质服务的前提下，培养客户满意度与客户黏性，提出"深耕服务，力拓运营"的价值理念，将客户服务与客户资源利用有机结合起来，力争做到保客户、创收益二者兼顾。

物业服务理念也在发展历程中不断转型，物业管理已经从传统服务开始走向房屋管家、生活管家、资产管家等，核心内容发生了根本变化。现在的广义物业管理从被动服务走向主动服务，依靠传统服务获取物业费的经营模式已经发生了转

变,现代物业企业正在不断为业主提供各种增值服务,努力开发业主价值,获取更大收益。突发的疫情,给社区经营提供了发展的契机,各式各样的社区团购、电商平台如雨后春笋般萌芽、生长开来。物业项目内的客户群体,蕴藏了较高的商业价值。

4. DT时代把数据作为能源、作为生产力,激发出新的生产力

在DT时代和IT时代,谁拥有了流量,谁就获得了话语权。DT时代把数据作为能源、作为生产力,激发出新的生产力。但是大数据的获得需要与客户有更深入的交流,提供更细致的服务。大型物业企业相继推出了智能服务App,南都物业也不例外,打造了悦嘉家服务系统,旨在为客户提供细致入微的生活服务。通过小区公告、账单缴费、工单报修等数字化服务场景,客户可以使用悦嘉家App刷遍社区,感受到物业服务的时刻陪伴。建立一套完善的服务流程,线上报事报修、账单查询、家政服务预约等,一应俱全。通过自助服务,快速响应机制提高服务的响应性与服务效率,促进客户满意度提升。同时,数据积累与分析也让物业企业更加了解客户的需求与习惯,帮助物业企业提供更加精准的服务。

此外,因为疫情的冲击,物业服务也在向智能化方向发展。南都物业通过悦服务,智能蓝牙化,实现人脸识别门禁等智能服务。疫情给物业行业带来了更多的机遇,也让更多人能看见物业服务,重视物业服务。

5. 当客户更重视时,物业企业配套的服务体系就必须升级,以匹配客户需求

南都物业在2019年全线升级了南都管家品牌,创新了专业管理模式。推出网格化管家服务模式。网格巡查采取线上线下相结合;有点可查,有迹可循;实施巡逻打卡制;每日上报巡查路线,项目负责人对巡查工作进行有效监督(App实时监督)。网格划分,提高了服务的响应速度,并与客户建立了高效的沟通机制。此外,还推出了一系列私人定制服务,如婚庆服务、酒会服务、奢侈品清洁保养服务等。同时,还推出了生活功能插件板块,包括公共文化空间、公共社交空间、公共生活空间等。定期开展社区文化活动,包括小剧场、舞蹈班、插花班、食品DIY等。开展了一系列教育宣传活动,打造服务品牌,为南都服务添加了更多新的标签。通过一系列措施进行社群运营,与客户建立了良好的联系,使得物业服务成为客户日常生活中不可或缺的一部分。这也有利于物业企业更好地开发客户资源。

6. 通过三级品控体系,逐级压实集团、区域、项目三级人员的执行力

为了保障一线服务人员能够高效、快速地执行服务措施,南都物业通过三级品控体系,逐级压实集团、区域、项目三级人员的执行力。集团层面也进行一系列服务标准更新迭代,通过培训、绩效考核等手段压实标准的有效落地。并通过一系列管理动作,实时把控服务现场情况。将服务贯彻到底,将风险规避,将客户满意度提升。

另外,通过智能化设备,远程实时监管一线现场,南都物业建立了系统的数据库,配置有E监控、智能化人行门禁、客服机器人、设施设备远程监控系统,整合了多种业务的系统信息,保障物业服务准确、高效执行到位。

南都物业的企业愿景是创百年卓越服务企业。在时代变革、行业飞速发展的大环境下，只有不断利用时代衍生的模式与工具，紧跟行业更新的脚步，才能立于不败之地。南都物业一直秉持最初的信念，持续为客户提供优质、贴心的服务。

专家点评

专家问诊一：张一民（上海市物业管理行业协会副会长，上海科瑞物业管理发展有限公司董事长）

张一民：南都物业作为中国第一家进入A股市场的物业企业，其成功的因素让业内人士渴望知晓并学习。南都物业的经验介绍让我们茅塞顿开。每个企业的成功因素各不相同，但持续创新是一个必然的共同点。南都物业的服务理念转型很清晰，那就是从传统服务开始向房屋、生活、资产管家服务转型。许多物业企业对服务理念转型既感到认同又感到十分迷茫，这就引出第一个问题：如何正确认知物业服务责任边界与向管家服务转型的关系？

金新昌：转型并不意味着忽视责任边界，而是重点抓住服务和时代趋势，基于客户需求转型。现在的业主对物业知识和法律的了解程度高于过去，过去1.0时代的服务满足不了客户需求，包括他们对公共文化空间和生活的各类需求。行业要进入2.0管家服务时代，对客户的关注度会更高，接触会更多，让客户把需求提出来，我们把服务提供到位，客户对物业的认知和信赖就会得到改善。基础服务和增值服务相辅相成，一举两得。

张一民：南都物业的智能化系统建设很全面。许多物业企业都在围绕品质管理开展服务管控系统建设，这里引出第二个问题：对员工的日常工作是如何通过信息化系统管控的？

崔炜：我们用实际在用系统来举例说明，一线员工从上班开始就会接触系统，比如和绩效挂钩的钉钉考勤。日常工作里，会下发计划性工单给员工操作，完成时间都有记录，可以评判员工的工作情况。员工日报也可以通过钉钉上报，而日常巡检工作，通过蓝牙系统，使得巡检路径、时间都能从系统中调取，可以查看工作是否按照规定操作。业主提出的工单，对员工来说也有相应的数据考核要求，比如满意度评分。我们的E监控系统，对在岗员工的行为规范也能做到相应的要求和管控。

张一民：对物业企业来说，强化智慧服务能力，成为其未来持续发展的重要标志。智慧管理建设需要大投入才能形成系统，一般物业企业难以完成。中小企业陷入既需要适应时代要求，又缺乏资金投入的矛盾。这需要企业合作共享、解放思想，放下传统理念与方式，学习现代管理模式，接纳行业专业平台系统，用小成本将企业纳入智慧管理体系，达到事半功倍的效果。实现智慧管理和服务，是物业企业的必经之路，感谢南都物业提供的思路和方向。

专家问诊二：徐 辉（安徽新亚物业管理发展有限公司董事长）

徐辉：疫情防控期间，南都物业抓住契机进行了信息化服务升级，并顺势开展了"守护菜篮子"等增值服务活动，受到了业主们的青睐。南都物业在社区增值服务的创新方面，今后还有哪些新思路或新做法？

金新昌：在疫情期间和疫情之后，我们在这方面都做了思考。"守护菜篮子"活动，是针对具备线下配送条件的小区提供配送，而不具备配送条件的小区，我们就提供蔬菜应急包。疫情期间的活动，不仅拉近了我们和业主之间的距离，也挖掘了业主对"最后一公里"严选产品的需求。我们拓展了线上销售渠道，包括悦嘉家App、悦生活小程序，上架了150多种严选产品。我们的员工也有着分销功能，只要分销出去，佣金立马可以提现，这样就调动了员工的积极性。后面我们还会逐步打造家政服务、车服务等多元化服务生态圈，满足业主日益增长的各种需求，完善服务内容。

徐辉：增值服务是块大蛋糕，像分众传媒这样的企业，只是抓住了其中一小块，就顺利成为上市企业。很多物业企业还在走传统的道路，今天听到南都物业的分享，我们希望物业企业敢于创新，抢抓机遇，找到新的经济增长点。在推进信息化建设过程中，遇到的最大困难是什么？面对其他中小企业，南都物业在这方面有什么建议？

崔炜：现实中我们遇到了几方面困难。首先是技术和产品研发，对物业管理的理解深度不够，对实现方式的理解有偏差，这导致产品研发过程十分漫长和反复，同时业务又在不停变更与扩展，对产品迭代压力非常大。其次是技术层面上，同行们也都有各自的管理系统，共通共融存在难点。说到建议，信息化系统建设需要有线下标准化体系，依照这个体系来完善；而在技术开发上，要预留技术功能点的延展性，避免短期内需要重复开发的情况；再就是需要组建一个专项工作组来推进信息化建设，这个工作组要把业务线人员和技术线人员混编；最后是同一周期上，不要选择多套系统同时上线，员工要培训，要花时间来让习惯养成，同时上线多套系统无疑会给员工学习造成较大压力。

徐辉：对于中小物业企业来说，推进信息化建设实属不易，不仅要投入大量资金和人力，还会遇到很多问题。例如业主不配合、员工积极性不高、技术储备跟不上、平台建设周期长等。南都物业分享的经验很接地气，具备指导性和前瞻性，让大家对信息化促进物业企业转型升级有了更深刻的认识。

专家问诊三：阎占斌（重庆博众城市发展管理研究院院长、中国物业管理协会人力资源发展委员会副主任）

阎占斌：感谢南都物业在生活功能插件方面的表述与介绍，我看到这其中包括艺术展、冥想室。我们知道，每个社区都需要社交和交互空间，这些空间很多又是公益或半公益性质的，那么开展对公共文化、生活、社交的运营服务，它们带给项目最大的收益是什么？这方面的运营成本是如何分摊的？

金新昌：在物业1.0时代，我们的服务是被动的，和客户的接触比较少。而在物业2.0时代，我们化被动为主动，在社交空间中我们可以通过活动充分了解业主需求,通过活动的开展增加客户互动和黏性,帮助我们增加营业收入。收入不局限于物业费,还有多种经营收入。至于运营成本,有些项目条件好,成本分摊可以因地制宜地调整,例如和组织机构预约,跨地区组织活动内容。而有些项目条件欠佳,就需要衡量前期投入,本着谁受益谁承担的原则来组织。南都物业目前有500多个项目,形成规模效应,给业主带来实惠,最大限度满足物业2.0时代的业主需求。

阎占斌:国家倡导高品质的生活,按马斯洛需求层次理论,群众对于情感、精神满足的需求越来越强,这也是我理解的物业2.0模式。关注情感诉求,是很大的突破。南都物业在推进信息化建设的过程中,如何解决基层骨干员工、中层管理人员信息化素养提升和信息化应用能力提升的问题?

崔炜:我们采用"培训+制度"的方式,例如悦嘉家系统需要上线的时候,我们会对一线员工进行一对一培训,确保每个人都会了才上线。培训结果会由人力资源中心记入员工档案。对不同岗位员工需要掌握的技能,我们也会做出要求。日常使用期间,为了提升员工对数字化应用的熟练程度,我们会将操作标准下发给员工并做考核。对日常运营情况,我们会做定期通报,做排名,开展宣贯会,让各层领导在会议上强调信息化的重要性,并介绍新系统的情况。通过这种方式和信息传递,提高员工对信息化系统的使用水平。

阎占斌:技术化创新的潮流已经来了,希望南都物业能够勇立潮头。南都物业是一家注重业主生活品质提升的公司,擅长打造和提升服务附加值,让业主产生获得感与幸福感。南都物业踩准了时代节拍,借助互联网、大数据、人工智能的势头向前发展。我认为南都物业是一家科技型物业企业,为全国提供了很好的示范。

韩芳(南都物业服务集团股份有限公司董事长):南都物业是浙江省第一代独立的第三方物业企业,这么多年间行业经历了巨大的变化。早期我们叫物业管理,之后的一段时间叫物业服务,现在又称物业社区运营。在物业1.0时代,我们提出了自己的管理理念,要求做到规范管理和为客户提供贴心服务,希望实现管理标准化,让"客户第一"的服务意识得到普及。近年来,我们又推出了"智慧管理+人文服务"的物业2.0模式。

在内部,我们将智慧应用、财务、人力、OA等系统与大数据进行整合,在业主层面对车辆、人行、设备、客户评价等各套体系流转,并和消防、公安这样的城市管理系统对接,让社区治理更安全。此外,我们还与住建局的系统打通,和杭州城市大脑互通,与高新技术企业海康协作,实现无人监管与自动报警,全面推广技术应用。

在方法论层面,我们接地气地思考业主需求,深化服务,促进产业业态更多元的布局。例如,在装修、新零售、面向老幼人群的服务方面,从物业企业起步,对更多业态进行拓展。另外,南都物业也十分重视人文服务,我们服务的地区日益扩大,每个地区的人们可能拥有不同的文化观念。我们在开展文化活动的时候,需要让不同人群享受到更贴心、更暖心的服务。我们发起的社区公益基金也陆续启动,和业主组织联动,让业主体会到人文关怀。

我们曾在媒体上登载文章,表达我们的敬畏与感恩,是业主和客户给了我们发展的机会,在我们的企业字典中永远有敬畏和感恩。在这个社会中,优秀的企业、优秀的个人太多了,优秀的观点也太多了,我们要永远保持学习的心态和敬畏之心,改变固有观点,突破思维惯性。展望未来,南都物业需要做到慎思明辨、行稳志远。这是我们在现阶段充满挑战、竞争和变数之中应有的心态,我们充满压力,也无惧压力,我们会始于当下,继续努力,与同行共勉并进。

在线分享

1. PPT

(1)南都物业信息化建设分享——科技赋能、数字创新,信息化助力物业企业转型升级

(2)持续创新的高品质服务体验

2. 视频

(1)金新昌:2.0时代物业能通过接触发掘客户更多需求

(2)崔炜:跨界打劫是新的行业竞争态势

(3)专家问诊:林常青、张一民、徐辉、阎占斌、韩芳、杨熙

第八章

商务写字楼全场景服务

 学习目标

1. 了解非居业态全生命周期管理理念在物业管理中的应用方法；

2. 掌握全场景服务的思路与方法，以学习型组织构建与企业高速增长相匹配的人才保障体系建设，打通全生命周期业务链条，实现持续盈利；

3. 学会运用企业优势实现政企协同，搭建企业孵化资源平台，为企业发展增势赋能。

 学习指导

学习本案例，首先要认识到全场景服务对全生命周期商务写字楼物业管理服务的重要意义。其次要分析、理解围绕"物业管理、资产管理、公共服务、增值专项服务"等开展的全生命周期领域内容及价值，掌握通过空间、氛围、服务、链接四大维度开展全生命周期商务写字楼物业管理服务，提高服务品质和客户信任度，构建企业全场景服务核心竞争力，实现场景运营管理提质增效的思路与方法。学会因地制宜，应用全生命周期商业物业服务的方法，依托企业的资源背景，利用企业优势搭建政企互通平台，提供一体化总部式服务，提质增效，节约成本，减少楼内企业非经营性事务的干扰，为企业发展增势赋能。

案例8：保利商业物业：全生命周期商业物业服务为企业赋能升级

案例材料

一、公司简介

广州保利商业物业发展有限公司（以下简称"保利商业物业"）作为保利物业下属的专注于商办服务领域的全资子公司，致力于成为资产运营专家，为客户提供一站式支持管理服务。同时，保利商业物业积极响应国家政策，结合行业发展趋势，始终以服务客户为先、以服务品质为本，结合"十四五"规划，升级"星云企服"商办服务品牌内涵，率先推出"物业管理＋资产管理＋企业服务"三位一体服务体系，打造企业全生命周期（又称"全周期"）服务产品，为客户提供优质、可靠的星级服务。首创"场景运营"服务理念，从对"物"、对"人"的关注，升级为"人与物"的灵动结合，用个性化人文场景为客户提供最贴合的价值服务，使个性需求自然而然地与共性需求有机结合。目前全国在管的商办类项目均已落位"星云企服"三位一体服务体系，打造出保利发展广场、保利国际广场、保利中心等一系列标杆项目。

二、案例背景

于时代变革之中，保利商业物业在探索总结中构建独具特色的全生命周期商业物业服务体系。

第一，在于行业之变，新时代新环境将为行业变革带来更多可能。在政策上，国家倡导加快推动产业链协同发展，持续畅通产业循环、市场循环、经济社会循环、国内国际循环，全面提升产业基础高级化、产业链现代化水平，加快建设实体经济、科技创新、现代金融、人力资源协同发展的产业体系。在经济上，在服务消费的持续走高下，客户更愿意或只愿意为高质量服务付费，物业行业将面对更大的挑战与机遇。物业企业需要提供多样化服务产品，以不断满足客户多样化需求。随着线上线下资源加速聚集，如何协调、集成和运用这些资源，将成为物业企业的核心竞争力。

第二，在于竞争之变，竞争企业加速精细化发展，全面推进业务建设。横向来看，非物业服务收入占比逐步提升，增值服务成为物业企业的利润增长点，顾问咨询业务初露锋芒，实现业务跨界增长。纵向来看，非居业态收入逐渐成为物业企业营收主力之一，多家物业企业开辟了以商务写字楼为主的精细化业态赛道。

第三,在于成长之变,国内商办业态的发展具有时代使命责任,目前,国内大部分超甲级、甲级商务写字楼都由外资物业企业在服务,而在这些商务写字楼内有着众多担负国家未来发展重任的中资企业。在双循环经济中,需要这些企业充分发挥在产业中的优势,形成良性循环的发展态势。

面对前所未有之大变局,保利商业物业构建全生命周期商业物业服务,解决在新模式、新技术下催生的不同阶段企业发展需求,协同产业发展,为企业发展赋能。

2020年,物业行业迎来了飞跃式发展。住建部等发布行业利好政策,各大物业企业纷纷上市。在大环境整体向好的情况下,行业规范化、资源加速整合的趋势越发明显。随着现代商务服务业的发展,以及人们对工作与生活观念的转变,个性需求在不断丰富和扩大。商务写字楼是企业与员工、共性与个性的汇集点,如何在企业的共性需求中融入员工的个性化需求,成为评估商办服务品质的关键。

在不断探寻共性与个性的平衡点和兼容性的过程中,保利物业升级改造原有非居业态服务,结合总部优质资源,继承保利经验,将独立的效率优势和总部的整合优势有机融合,推出独具特色的现代商办服务品牌——"星云企服"。

三、内容框架

1. 主要依据

从政策及行业发展趋势看,当下是一个市场快速变革的时代,新冠肺炎疫情的突袭,让所有人重新认识了物业行业,传统的基础物业服务已不能满足市场需求;当下也是一个行业整合创新的时代,大数据、大健康、大文旅……资本市场的青睐,加速了众多融合型产业应运而生。

从疫情影响来看,2020年对绝大多数行业而言都是步履艰难的一年。但对物业行业而言,2020年是充满机遇与挑战的一年。在各地政府的主持引导下,社会各界积极开展防疫工作,物业企业作为社区防护的"最后一公里",担负着重要的防疫责任,特别是商务写字楼,其人流管理、疫情监测难度更大。在疫情防控常态化的背景下,防疫兼顾经营成为各行各业的核心战略。为了保证服务质量和进行精细化管理,对商业物业行业的改革创新日益重要。

从技术发展来看,20世纪末就有学者指出,商业模式变革的主要推动力来自新技术,尤其是迅猛发展的互联网技术。当下,预言已经成真。大数据已经成为物业管理的支撑性技术条件,并且深刻改变了传统物业服务的边界和内容。《中共中央关于制定国民经济和社会发展第十四个五年规划和二〇三五年远景目标的建议》提出,加快发展现代产业体系,推动经济体系优化升级。加快发展现代服务业,推动生产性服务业向专业化和价值链高端延伸……加快推进服务业数字化。推动生活性服务业向高品质和多样化升级,加快发展健康、养老、育幼、文化、旅游、体育、家政、物业等服务业。推进服务业标准化、品牌化建设。在国家政策导向与科学技术叠加下,物业行业作为现代服务业,其发展必然向专业化与价值链高端方向延伸。而现代服务业与互联网及先进制造业的融合既是要求也是趋势,其目的在于推动服务业的高品质与多样化升级,物业发展中的服务标准化与品牌化建设也必将成为打造高质量现代服务业的基础。

从国际形势来看,世界经济复苏接近周期性临界点,下行风险逐渐增大,国际贸易摩擦频繁。在这样复杂多变的国际市场背景下,国内商务写字楼作为企业生存的主要载体,业主对商业物业服务的需求和期望也在不断提高,传统的物业管理模式已经无法满足客户需求,商写物业企业能否从基础服务延伸至全链条服务,能否帮助楼内企业完成业务结构变革,能否通过全生命周期服务提升企业竞争力,逐渐成为楼内企业选择物业企业的重要因素。

值此重要变革之际,保利物业秉持"保国利民"初心,从服务社区到服务城市,从关注"硬空间"到关注"软基建",在不断的实践中探索商办服务新生态,助力企业发展。

保利物业的主要思路为:以马斯洛需求层次理论挖掘商办企业的服务需求,结合保利物业20余年物业服务经验,保利物业总结出企业对商办服务的三大需求,即"安全稳定的经营场地、兼容个性的办公环境、多元便捷的服务需求"。根据企业的三大需求,借助利好的市场背景与行业前景,保利商业物业争做商办服务新生态的创新先行者,走上了商办服务的创新探索之路。独创"星云企服"商办服务品牌,以企业为本,整合保利优质服务和资源,为商办业态内的企业客户提供全生命周期的商办物业运营服务。

根据房地产行业整体运行趋势,存量经营市场已然成为未来物业发展的新窗口。商办服务是市场从增量调整为存量的必然要求,基于这样的市场变革,正是商办服务崛起的较好机遇。"星云企服"是保利物业四大核心业务品牌之一,由保利商业物业负责运营管理,以企业为本,整合保利优质服务和资源,为商办业态内的企业客户提供全生命周期的商办物业运营服务。通过基础物业服务,打通企业端、员工端两条通路,最终实现客户资产保值增值。

2. 内容要素

商务写字楼经济,是现代化城市发展的缩影,是未来国际竞争的主赛道,商务写字楼存量市场更将成为未来国际竞争的新窗口。

随着现代商务服务业的发展,以及人们工作与生活观念的转变,个性需求在不断丰富和扩大。而商务写字楼是企业与员工、共性与个性的汇集点,如何在企业的共性需求中融入员工的个性化需求,成为评估商办服务品质的关键。

通过理论与实际业务结合,保利物业商办服务升华了价值服务内涵,构建了属于商办业态的企业服务需求理论,通过打通企业端、员工端两大通路,向商办客户提供全生命周期运营服务,来实现商办资产保值增值的最终目的。

保利物业商办服务首创场景运营服务理念,从对"物"、对"人"的关注,升级为"人与物"的灵动结合,用个性化人文场景为客户提供更有价值的服务,使个性需求自然而然地与共性需求有机结合,拉开商办物业管理的3.0时代。

场景运营服务理念通过五维价值创新,凝练八大特色场景服务,让商务活动更高效、办公空间更人文、楼宇运作更智能、企业发展更稳健、资产盘活更有效。

同时,为了实现商办企业与物业企业共同发展,满足企业与员工日益增长的多元服务需求,保利物业商办服务提出了"物业管理+资产管理+企业服务"三位一体运营服务,通过构建智慧型物业服务、平台型资产服务、整合型企业服务,营造可持续的共赢成长路径,实现了保利物业在商办服务领域的率先领跑。

对于企业的安全稳定需求,保利物业具有得天独厚的优势。保利物业作为国资委监管的中央企业,向来以稳健服务践行责任与担当。保利物业将军旅文化与企业现代治理进行融合,构建起勤恳务实、勇于开拓、拼搏向上的奋斗者文化,并始终将安全与责任放在第一位。

保利物业商办服务以退伍军人为骨干,自建安防团队,打造完善可靠的安全管理,以军魂护安宁;以专业的设施设备管理技术,实现设备节能与安全运行;以20余年央企总部服务经验,特设"总办后勤",具备丰富的政企客户及超高层楼宇服务经验。

四、主要的成果及经验

1. 实现"星云企服"三位一体服务体系的在管项目全覆盖

目前全国在管的商办项目均已落位"星云企服"三位一体服务体系,打造出保利发展广场、保利国际广场、保利中心等一系列标杆项目。

结合商办服务过程中高端企业客户的需求,保利物业商办服务践行MOD服务宗旨,升级延展"星云企服"八大特色服务,打造多业务融合的高端商务服务线——"星云尊享",以星云礼宾、星云护卫、星云案场、星云管家四大特色高端产品作为服务第一触点,满足VIP客户的尊享需求。

(1)打造五星级酒店、空乘礼宾级别的星云礼宾高端服务团队,高效解决企业的多种需求,展示服务的高效与尊贵。

(2)配备经过星级管家认证的星云管家智能服务,实现企业一对一服务。星云管家有权直接调动中心资源,并为企业全程跟踪建立客户档案,更高效地为企业提供贴心服务。

(3)从嗅觉、视觉、听觉三大感受着手,建立标识、香薰、音乐系统,专时专用,为商务空间注入具有特色的人文元素。

(4)根据写字楼空间的不同功能与特定时刻的需求,总结核心关键点,构建星云空间,运用关键词及场景运营理念打造出各具特色的十五大场景,让商务更显人文关怀和艺术感。

(5)应用写字楼管理的智能化技术及设备,打造星云智能五大管理系统二十四个子系统,为企业与写字楼保驾护航。

(6)与保利体系内产业链条上下游供应商达成战略合作,打造了保利体系资源平台,提供可分享的资源,实现星云赋能。

(7)定期在企业间组织交流下午茶圈层活动,让跨行业企业能够无障碍交流,进一步实现写字楼内圈层共融,满足企业客户人脉共享需求,建立信息共享平台。

(8)从大资管层面上提供全方位资管服务,根据不同的发展时期不同的需求全程提供多种不同的服务与解决方案,多维度、广范畴、全渗透,以具备丰富服务经验的顶尖团队,为业主提供一站式支持管理服务。

2. 自主研发芯智慧云平台,实现标准化、数字化、智能化及透明化管控

为了实现场景运营管理提质增效,保利物业商办服务不断追求更高效的数字化运营管控,自主研发芯智慧云平台,依托统一数据平台,集成多种管理业态,通过信息化管控手段和移动互联网、智能传感技术,实现标准化、数字化、智能化及透明化管控,优化品质管理,降低运营成本,构建服务核心竞争力。

保利物业商办服务坚持"与楼内企业共成长"的发展理念,对于楼内企业,强调"生长"。依托保利丰富的资源及央企优势,搭建政企互通平台,设置政策咨询窗口、一站式服务站点;打造企业孵化资源平台,引入保利系资源网,提供全生命周期共享资源;提供政策咨询、金融法务、工商财税、人力资源等全维度商务定制平台,减少楼内企业非经营性事务的干扰,为企业发展增势赋能。

3. 追求"工作与生活"有机结合,提倡在办公之余为企业员工提供更舒适的生活体验

对于企业员工,强调"生活"。将"社区生活"概念植入写字楼,追求"工作与生活"有机结合,提倡在办公之余为企业员工提供更舒适的生活体验。为企业员工提供核酸检测、节日礼品采购、员工福利采购、手机消毒、箱包养护、手表清洁等多元化便捷服务。

4. 全方位介入企业全生命周期,提供一站式专属定制全域服务,为企业发展赋能

通过建立极致的标准管控体系,可以全方位介入企业全生命周期,提供包括物业服务、资产服务、公共服务、增值服务在内的全品类、多元化商办服务,逐步构筑全周期、全品类生态服务平台。可根据企业发展需求,全程提供多种不同的服务与解决方案,提供一站式专属定制服务,为企业发展赋能。

保利物业商办服务,在落位实践中进行体系、模式的创新探索,已经取得阶段性成果。围绕楼内企业全生命周期,实现多维度、广范畴、全渗透的一站式服务,在商办服务品牌——"星云企服"的加持下,保利商业物业专注于写字楼生态圈建设,走出了一条独具特色的平台式商办服务新路径。

在这样的模式下,保利物业商办服务能够适应不同发展阶段下多元业态、多种行业、多方企业角色需求,突破地域及行业壁垒,树立中国物业行业商办服务的新标杆。

随着写字楼存量转化的增加,以及商办业态对物业管理要求的不断提升,"星云企服"商办特色服务品牌的发布,代表着保利物业"大物业"战略正式应用于商办板块。拥有央企背景的保利物业,必当秉持匠心,走在前列,通过不断深化商办服务内涵,持续打造商办服务生态圈平台,用更专业、更多元、更智能的服务为企业发展赋能。同时也呼吁中资物业企业携手共进,提升整体物业服务质量,营造更加舒适安稳的商办环境,为守护和助力民族企业发展,贡献物业行业的力量。

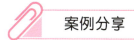

案例分享

分享主题：全周期商业物业服务带动企业赋能升级

周雯（广州保利商业物业发展有限公司副总经理）

保利商业物业具备敏锐的洞察力和对行业发展的独到见解，探索商办服务新生态，打造"星云企服"尊享服务产品体系，推动服务品牌建设。

1. 依托全生命周期商办标杆服务经验，构筑"大物业"蓝图

沉淀保利物业 20 余年商办服务经验，保利商业物业坚持规范化管理和标准化服务，不断创新，为客户提供超值的专业化服务，建立了一整套独具特色的非居业态物业管理体系及服务标准体系。

保利商业物业负责运营保利物业商办服务品牌"星云企服"，该品牌是保利物业"四轮驱动"战略中的重要一环，专注于商办领域运营服务。将物业管理和资产管理有机结合，整合保利内外部优质资源，为企业客户提供高品质商办物业运营服务。

保利商业物业发展至今，拥有多种商办项目业态管理服务经验，涵盖商务写字楼、商业综合体、政府机构办公楼、军队后勤营区、旅游综合体、购物中心、酒店式公寓、会展场馆、医院、学校、产业园区、交通枢纽等多种业态，形成了全生命周期服务标准。

2. 全生命周期商业物业服务具备三大核心优势

经过多年的市场竞争和业务整合，目前保利商业物业构建了"三位一体"服务体系，包括智慧型物业服务、平台型资管服务、整合型企业服务。

围绕三位一体服务理念，逐步形成三大核心优势。

第一个优势，一站式全生命周期服务。保利商业物业根据企业不同发展阶段的不同需求，全程提供多种服务与解决方案，多维度、广范畴、全渗透，通过五大优享物业服务板块，为业主提供一站式全生命周期服务。

第二个优势，企业全生命周期的管理介入。围绕"物业管理、资产管理、公共服务、增值专项服务"等全生命周期领域，根据企业发展需求全程提供多种不同的服务与解决方案。在物业有效管理和增值运营方面可实现无缝对接、高效运作。

第三个优势，保利商业物业有着专注于写字楼生态服务的商办品牌——"星云企服"，深耕商写业态服务，以智能楼宇科技和数字化运营为驱动，输出高品质、专业化服务，重构写字楼空间、环境和服务场景，打造高效、智能化、人性化的企业办公新生态。

3. 全方位打造写字楼 3.0 时代

场景运营是"星云企服"品牌体系的首创理念，以更高维度的方法论，来指导物业服务对时间、空间、资源的重组。从空间、氛围、服务、链接四大维度统一提供解决思路,解决员工不同时刻的空间要求,带来了全新写字楼服务3.0时代。

目前这一理念已在保利物业旗下全部商办项目落实到位。

以保利发展广场为例,其作为保利标杆商业项目、"星云企服"品牌首个落地项目,是广州琶洲国际会展商务区唯一楼高超300米、拥有一线江景、已通过LEED-CS金级预认证、被评为国家二星级绿色建筑的地标式天际线超甲级写字楼,被誉为"琶洲之眼"。

在保利发展广场场景运营服务应用上,项目提供24小时服务窗口、客户从入场到发展的全生命周期服务、环境卫生等基础物业服务、区域点对点服务,并提供多元化的便民服务与社区文化活动。同时,在保利发展广场实现了企业端与员工端在医疗、餐饮、办公、活动等维度上的全生命周期服务。围绕场景、价值创造、品牌提升,项目还加强创新增值业务协同发展,构建了完整生态链条,满足楼宇企业及企业员工多元化服务需求。

面对行业的加速裂变,以及客户对物业服务需求的不断提升,保利商业物业将持续深耕商办板块,不断优化管理模式,用更专业、更多元、更智能的服务提升客户体验,不断培育和发展自身的核心服务能力,成为政府、企业首选的服务机构。

围绕"大物业"战略布局,保利商业物业将通过构建多链条整合的企业服务平台,把"星云企服"打造成国资服务第一品牌,成为新时代的"软基建"力量。

专家点评

专家问诊一:余绍元(中国物业管理协会副会长,深圳之平物业发展有限公司董事、执行总裁)

余绍元:据我观察,物业企业要在硬件上投入并不难,真正难的是软件,软件包括物业服务人员综合素质的改变和提升。保利物业迈出的每一步都很扎实,软硬件兼备。在与政府职能的联动上,做好企业自己的事情容易,与政府的协调却不简单,我很期待保利物业的一体化协调指挥系统能为同行做出表率。从2015年起,保利物业就在探索非居业态发展,企业客户需求比普通住宅业主需求要复杂得多,涉及的专业点也非常多,对于组织人才的广度、深度需求都很高。保利物业在快速发展中怎么保障人才供给?能不能匹配企业的高速增长?

周雯:对于处在快速发展阶段的企业,人才是核心竞争力。要避免人才紧缺问题,就需要从全局出发,构建人才体系,结合短、长期发展目标,配备人才供应链。保利物业的人才管理体系中,明确了岗位的员工胜任力和人才标准,从源头明确人才标准的。再结合企业战略布局、内部人才评估、现有岗位人员匹配情况,以及2~3年内可能新增的岗位,通过多渠道招聘满足企业人才需求。此外,我们还通过星云学院打造学习型组织,搭建良性循环的企业生态圈,由内到外满足企业发展需求。

余绍元:通过设置胜任力标准等手段,保利物业保证了关键岗位的供给。对于企业要面临的关键问题,员工能够做到了然于胸。在工作态度上我们需要员工乐意服务,在专业领域我们也需要员工的深度和发展潜力。

专家问诊二:黄安心(中国物业管理协会人力资源发展委员会副主任,国家开放大学开放教育现代物业管理专业主持教师,广州开放大学教授)

黄安心:本人一直很关注全生命周期管理理念在物业管理中的应用问题,我对保利物业提出并践行的非居业态全生命周期商业物业服务非常赞同。另外,多年前我就提出过物业管理服务应与工商业"分开运营"的观点,因此,我对保利商业物业提出并形成的企业端与企业员工端全场景服务模式也非常认同。这里我想问两个问题:全生命周期商业物业服务的主要约束或阻力在什么地方?是怎么克服的?物业企业如何通过全场景服务实现持续盈利?

周雯:难点在于全生命周期业务链条的打通,最初需要做到减少客户寻求服务所花费的精力,通过某一触点,把一站式服务提供给客户。问题在于,全链条中的各个环节需要贯通上下游,保证全生命周期高品质的商业物业服务。只有做到高品质服务才能提高客户信任度,进而客户会顺理成章地提出更多需求。客户越信任我们,我们的联系才会越紧密,做到深度绑定,持续盈利。

黄安心:个人觉得非居业态全生命周期商业物业服务模式的主要价值在于两点。一是物业管理服务的全生命周期理念的应用价值,这一点保利物业将其在中国落地了,非常不容易,有效地解决了对"物"的物业设施管理及对"人"的物业服务的短期行为的问题。二是将物业管理独立运营的行业价值充分体现出来,并形成持续成长的全场景服务模式。特别是在做好基础物业管理服务的基础上,将服务延伸到企业及员工,实现了全场景服务。这种模式实现了物业管理服务与工商业在更高层次上的融合发展,物业管理体现了其高端产业的主体价值,而不是过去的工商业"后勤管理""附属物"的被动存在的从属价值。

在线分享

1. PPT

星云同辉 美好同行——全周期商业物业服务带动企业赋能升级

2. 视频

(1)周雯:全周期商业物业服务带动企业赋能升级

(2)专家问诊:林常青、杨熙、李建辉、余绍元、黄安心

第九章

产业园区一体化智慧服务

 学习目标

1. 了解在产业园区构建产业一体化运营平台对提高物业管理效能的重要价值,理解合理运用现代信息技术推动商物互融,提高服务价值的意义;

2. 掌握产业园区一体化运营平台建设方面的经验,以及自主研发 EBA 运维管理平台,细化服务颗粒度,打造核心竞争力的做法与经验;

3. 学会运用产业一体化运营平台,提升产业园区物业服务效能。

 学习指导

学习本案例,首先要充分认识到产业园区构建产业一体化运营平台对提高物业管理效能的重要价值。其次要分析借鉴产业园区一体化运营平台建设与运用、商物互融智慧平台建设、科技赋能等智慧服务体系建设的做法与经验,掌握以全息运营服务体系,洞悉客户需求、赋能物业管理场景、整合多方资源到统一平台的思路与方法,学会提供专业化、全方位的区域整体运营、基础服务等解决方案。最后要形成创新商业运营思维及全过程运营能力,学会构建全生命周期、一体化运营平台,为客户做到节约能耗、提升管理效率、降低人工成本,产生相应的增益作用。

案例 9：天骄爱生活服务：构建产业一体化运营平台

案例材料

一、公司简介

重庆天骄爱生活服务股份有限公司（以下简称"天骄爱生活"）以商住产一体化运营为基石，持续创新，科技赋能，走高质量发展新路，深度挖掘产业链，现已构建基础服务、商业运营、产业运营、城市服务、公建服务、智慧科技、增值服务七大平台体系，形成覆盖商住产等多种业态的全息服务生态圈。自 1999 年发展至今，天骄爱生活已构建重庆、上海、山东三大核心区域，实现全国深度布局，在管物业涵盖城市综合体、产业园区、住宅、学校、公建物业等多元业态。随着物业行业的发展和服务理念的升级，天骄爱生活率先向创新服务转型，突破单一的房地产项目服务逻辑，围绕城市服务升级，应用先进的"物联网＋互联网＋平台"技术，自主研发 EBA 运维管理平台，将 SAS（安全防范系统）、FAS（消防系统）、BAS（楼宇自控系统）、OA（楼宇办公自控系统）、CA（通信网络系统）及物业管理系统的子系统有机集成，助力业务功能协同增效，实现智慧化管理，形成平台智能化运营闭环，实现科技融合，赋能发展。

二、案例背景

随着科技发展，5G 时代已然来临。传统物业运营管理面临越来越多的挑战与压力，改革是大势所趋。

（1）成本压力。物业费涨幅较小，人力成本逐年上涨。操作人员流动性较大，优秀人员难招到，给管理人员增加了大量的重复工作。维保工作量及其成本随着建筑设施老化而持续增长。空调、照明、电梯等公共设施能耗占比较高，缺乏精细化管理，难以有效管控成本。

（2）管理难度。设备数量多、种类多，操作复杂。设备异常信息无法及时获知，日常维修大多是被动维修，缺乏安全保障。设施运行缺少连续监测与记录，缺少保障手段，保养效果与质量难以客观科学评估，品质难保障。人员专业技能水平整体较低，无法满足集团长远发展需求。

（3）管理效率。从项目到区域再到集团，信息传递慢、流程多、效率低。目前实施区域化管理，无法实现项目管理的标准化，品质无法得到均衡提升。现有信息缺少整合,管理体系难以落地实施,无法实现一体化运营与管理。

面对如此严峻的挑战,物业企业转型迫在眉睫。在此背景下,天骄爱生活率先提出科技赋能,助力商住产一体化转型发展,依托商住产一体化等资源先发优势,多元化发展,产业链纵向延伸,不断加强物业服务与云计算、物联网、大数据、人工智能等新技术的融合,通过数字技术连接整个服务链条,以科技赋能实现智慧发展。通过数字化转型,提供更好的生产工具,改变业务运作方式,衍生出新的管理模式与服务模式,提高管理效能,提升服务品质。天骄爱生活 EBA 运维管理平台旨在通过建立智能远程设备监测、控制平台,进行数据采集、数据存储、数据分析、数据预警,来实现设备区域性集约化管理,做好节能减排。同时,减少现场运行、巡查技术人员投入,提高现场设施设备的监控与品质维护,更高效、快捷响应突发预警情况,缩短处理设施设备突发应急故障的时间。目前,该技术已获得第三方机构评定,同时,获得软件著作权 12 项,申请并获批技术专利 10 余项。

在运维管理过程中,如果某个子系统出现运行数据异常,则系统立即自动报警,并通过与现场视频、语音、显示屏高效联动,将报警信号直接推送到维修人员手机端,为管理人员提供应急指挥预案,提高管理人员应对突发事件的能力。

系统能够通过监控设备故障动态来采集、汇总数据,再按专业序列分门别类建立故障维修案例库。一旦系统弹出问题现象,员工可以通过在线专家来查找维修方法,快速进行专业设备维修,高效快捷地解决问题。

三、内容框架

1. 主要依据

互联网的发展促进了传统行业的转型升级,物业行业依靠科技手段,推进服务智能化。物业占据社区入口"最后一百米",服务场景的细化,为智能科技提供了较好的落地应用切入口。

近年来,我国实现了移动通信技术在消费侧的全面普及,推动了移动互联网产业的蓬勃发展,并深刻改变了人们的生活方式。紧跟改革浪潮,物业行业也逐步由劳动密集型向集约化、自动化、智能化、互联化转变。物业企业从单一物业服务向多元业务服务发展,通过城市共生突破服务边界,迈向多业态服务。

自 2020 年初以来,中央层面密集出台 5G 等新型基础设施相关政策,全国各地掀起一股"新基建"建设热潮,5G 进入加速发展阶段。5G 作为"新基建"之首,同时也是经济社会高质量发展的战略性基础设施,在良好的政策发展环境下,5G 将加速各行各业数字化转型进程,催生更多的新应用场景、新建设模式和新商业模式。

在 5G 时代,传统商业模式将难以为继。物业企业逐步提升"物网协同""人物融合"应用能力,与 5G 加速融合,向体系化应用场景和产业生态演进,持续提升科技应用的广度和创新性,用"智慧"推动企业高质量发展。

智慧物业建设与新基站七大板块中的 5G 基建、大数据、人工智能息息相关。基于大数据、人工智能的综合应用,现在的物业管理已实现从自动化、数字化到信息化发展,并走在实现智慧化的道路上。而 5G 技术可以为智慧物业发展提供新的能力和支持。

在此基础上,天骄爱生活全面开拓5G融合应用领域。面向业主,打造智慧物业平台;面向员工,打造大数据运营平台;面向商业,打造智慧商业管理平台;面向产业园区,打造产业一体化运营服务融合平台……"5G+物联网"技术的应用,为企业降本增效、高质量发展保驾护航;同时,通过物联网与大数据结合,帮助企业实现精细化管理和运营,提升对客服务水平。此外,从企业业务特点和发展需求出发,天骄爱生活不断探索新的发展模式。

EBA运维管理平台即为天骄爱生活探索的成果之一。通过AI定义场景、大数据云计算、多维感知融合,实现楼宇设施设备的数字化、网络化和智能化,为企业、设备、人员的快速高效连接提供高速通道,加速推动平台建设,为形成互联互通的平台生态奠定坚实基础。

2. 内容要素

EBA运维管理平台致力于成为楼宇大脑中枢神经,对楼宇管理中的门禁、监控、车库、电梯、中央空调等各类设施设备进行智能管控、宽窄联动、闭环管理,实现楼宇管理的精细化和智能化提升。

(1)表现在顶层设计架构上,针对智能化发展需求,EBA运维管理平台重构物业运维顶层逻辑,对网络、平台、终端,从架构、形态、设计上进行全新尝试,集网络通信、运算、存储于一体,灵活适配各种场景的智能终端。利用5G、大数据、人工智能等技术,让网络有条件下沉到业务端去实现彼此的融合,加速数据流动,助力服务全要素、全环节高效互联互通,实现客户需求洞察识别和精准服务,以数据流带动技术流、资金流、人才流、物资流,有效提升传统物业运维的转型发展。

(2)表现在运营管理过程中,如果某个子系统出现运行数据异常,则系统立即自动报警,并通过与现场视频、语音、显示屏高效联动,为管理人员提供应急指挥预案,提高管理人员应对突发事件的能力。

系统能够通过监控设备故障动态来采集、汇总数据,再按专业序列分门别类建立故障维修案例库。一旦系统弹出问题现象,员工可以通过在线专家来查找维修方法,快速进行专业设备维修,高效快捷解决问题。

(3)表现在大数据运维上,通过指挥中心大屏,以3D影像实时展示各子系统的运行数据,通过平台系统全面采集大厦的日常能耗使用数据、运营数据、维护数据,形成业务运营数据深度共享、互联互通,以数据驱动标准化管理,做到运营数据的全面积累、智慧分析与应用,真正实现大数据运营和智慧化管理,持续输出高品质服务。

四、主要的成果及经验

EBA运维管理平台重点解决底层终端标准化、中层数据规范化和顶层应用共享化三大难题。

楼宇智能化管理需要使用大量的物联网感知终端设备,碎片化的物联网感知终端生态导致不同厂商设备互不识别、不能通信、无法共享和难以管理。EBA运维管理平台融合了多云管理、连接管理和设备管理等功能,具备强大的网络接入能力、丰富的连接管理能力和统一的设备管理能力,实现对海量设备感知终端的标准化接入,构建感知互联的物理基础和数据基础。

EBA运维管理平台的大脑"中枢神经"包括数据层、控制层和决策层。数据层实现数据融合共享,保证数据来源及时、真实。控制层提供算法集中调度,促进业务功能协同增效,决策层实现应用数据集成分析,根据不同问题给予精确诊断,提供最优解决方案。三者相辅相成,共同支撑智慧化的顶层应用。

天骄爱生活综合运用云计算、大数据、物联网、人工智能等技术,在整座楼宇拉起了一张看不到的"神经网络"。在这张网中,楼宇脉络和楼宇神经元清晰可见,人、物、事件等动态运行可有效感知和实时决策反馈,楼宇仿佛同时拥有了"大脑"和"神经网络",对楼宇自控、安全防范、人员定位及环境智能监测等各种需求做出智能化响应,成为真正智慧的楼宇建筑。

EBA运维管理平台聚焦设施设备智能化服务,在SFC协信中心率先实践。

SFC协信中心坐落于重庆市渝中区解放碑五一路99号,是由平安国际金融中心、广发银行大厦和协信星光广场组成的城市综合体。

为合理利用大厦资源,提高服务质量,SFC协信中心率先应用EBA运维管理平台,采用创新的服务模式,打造智慧楼宇示范标杆,逐步拓展创新应用和产业应用。平台分两条主线展开:以设施设备智能化服务为突破,面向用户体验,提升楼宇综合运营和治理水平;以市场化运营机制驱动创新服务模式,化被动为主动,将大厦智能化子系统有机集成,形成所有业务运营数据深度共享、互联互通,通过指挥中心大屏,以3D影像实时展示各子系统的运行数据,通过平台系统全面采集大厦的日常能耗使用数据、运营数据、维护数据,做到运营数据的全面积累、智慧分析与应用,真正实现大厦的大数据运营和智慧化管理。

智慧物业是分级分类推进新型智慧城市发展的重要组成部分。作为城市更新的重要抓手,楼宇智能化也将稳步推进拓展应用场景和管理业态,恰当运用数字技术、智能科技,实现全局监控、多维分析、持续学习,逐步提升数据能力和服务能力,将数智场景服务与智慧城市建设有机统一起来,二者相辅相成、互相推动,最大限度地减少投资、降低风险和提升效能。

随着EBA运维管理平台在全国的扩展,服务体验和质量不断迭代提升,服务成本进一步降低,促进产业共生、价值共创、生态共赢。未来,EBA运维管理平台必将赋能企业质量变革、效率变革、动力变革,为推进新型智慧城市发展做出重要贡献。

天骄爱生活以拥有自主知识产权的智能技术,赋能物业管理的各个场景。

(1)彻底解决信息分散及滞后的问题,为物业管理提速加码。物业管理水平在很大程度上影响着物业的升值水平。物业行业的竞争更要求物业管理公司提供优质服务,降低管理成本。在传统的物业管理模式中,公司及各管理部门的信息相对分散,信息的集中需要通过现场收集及定期报送等方式来实现,而这些信息往往不够全面、时间滞后。在EBA运维管理平台上,公司总部可以随时了解各个项目及区域公司整体营运情况，也可以即时了解各个管理部门的最新信息，为公司总部全面、即时地了解、收集各个管理部门的情况，对各个项目进行有效的监督和管理创造了客观条件，有助于减少管理成本、提高管理效率。

（2）合理进行人力资源安排，提高物业管理的质量与物业服务标准。在EBA运维管理平台上，各个项目通过400平台、巡检系统、业主报事系统进行派单。通过智能化平台的数据监测，及时推送信息到员工手机端，同时打通绩效考核模块，提升员工的积极性。通过远程抄表系统实现自动抄表，降低人力成本及能耗费用计算工作量，合理调配库房物资，监控合同库存量，每月实现出入库费用计算等。智能化应用管理能有效改善传统物业管理中处理事务的方式，智能化规范操作又促进物业管理实践的规范执行，更好地提高人员处理事务的效率和自身素质，从而提高管理质量。

（3）有效存储资料，助力物业科学化管理决策。物业管理过程中，各种规划档案、批文、图纸、设备资料、验收文件等，往往相当庞杂。运维资料以手工填写，存在易丢失及记录不标准、不详细等问题。EBA运维管理平台则很好地解决了此类问题，通过系统自动分类记录日常事务，自动保存，标准统一。利用平台技术将资料上云，规范管理，不但方便储存，也使各种资料更易于统计、汇总、查找、翻阅、修改、复制、利用，为通过ISO 9001:2000质量管理体系认证提供大量详尽的原始管理记录，也为管理科学决策提供客观依据和材料。

（4）有效进行权限管理。物业管理系统中记录的各种数据都涉及公司内部重要信息，人员的流动可能造成信息安全问题，分散的管理方式不利于内部管控。EBA运维管理平台采用集团化管理模式，将所有信息、分配权限都集中于总部，即时进行权限发放及关闭，为管理提供安全保障。

分享主题1：构建产业一体化运营平台

徐先红（重庆天骄爱生活服务股份有限公司副总裁）

目前国内产业园区有3种主要项目形态，分别是产业综合体、科技综合体和总部综合体，呈现多样化业态组合的特点。中国产业园区行业处于初级阶段，资源整合盈利亟待突破。天骄爱生活深入分析产业园区现状，根据不同产业园区的业务模式，定制个性化服务，基于基础物业服务，全面整合区域产业资源，助力园区发展，实现产业一体化运营。

什么是产业一体化运营？就是将多方资源整合到统一平台，专业地、全方位地为区域产业发展提供整体的运营、基础服务等解决方案。

1. 物业服务夯实基础

天骄爱生活向产业园区全面高标准地导入专业服务能力,实现产业园区系统运营服务商的进化。其中,涵盖安全管理、交通管理、环境管理、客户服务、配套共享等专业服务模块。基础服务是产业一体化运营的内核,只有在此基础之上,才能搭建运营和招商模块。

2. 信息化工具提升运营效能

天骄爱生活基于物业智慧服务和用户消费需求,开发集成前端系统及中后台供应链、财务、连锁门店等的管理系统,通过整合员工端、管理端和客户端,打造一体化的智慧园区生活服务平台,提高管理和服务效能,实现产业园区的智慧化管理及服务输出。在平台上,员工通过手机就能实现远程办公、自动派单抢单;管理者能够实时监控全网业务,了解园区企业需求,并且衡量员工能力是否满足岗位要求;广大业主、用户能够享受基础物业服务及线上新零售等多种社区服务,实现用户与服务的平台化交互融合。最终,智慧平台沉淀的数据能够为企业决策提供强有力支撑,从根本上为企业降本增效。

3. 产业招引资源整合

天骄爱生活经过多年的商住产一体化运营,拥有比较完备的招商链条和专业的招商团队,能够立足全国招商资源,实现招商机制的多维创新。

未来,产业园区的盈利能力主要建立在其对各方资源的整合能力和创造力上。要客观、高效应对新时期产业运营现状,必须从物业服务开放化、应急管控体系化、管理系统智慧化、企业服务纵深化、应急管理人性化五个方面做好服务升级。

分享主题 2:天骄商物互融 3.0 时代

汪震洲(重庆天骄爱生活服务股份有限公司副总裁)

从最初的大足龙水五金市场、朝天门协信商厦女装名城到江北黄金海岸、巴南协信购物广场、长寿协信购物广场,再到南坪星光时代广场与人和星光天地,天骄爱生活经过三代商业模式的发展和变更,积累了丰富的客户资源和行业口碑,尤其对多产权模式下的商业项目有丰富的管理经验。如今,天骄爱生活已然进入3.0时代,着力打造全生命周期商物互融服务运营模式。天骄爱生活的全生命周期商物互融服务运营模式,主要包含前期规划阶段介入和后期商业管理两个模块。

1. 物业在前期规划阶段介入,为商场精准定位、规避风险提供了有力保障

商场工程技术设计标准,项目商业定位及业态规划,主力店品牌推荐及重点品牌招商,商场开业筹备重点工作,商业运营管理人才培养,是前期规划阶段介入的五大重点工作。

前期规划阶段介入工作做得好,可以更精准地细分市场机会,对项目进行精准定位及规划;让商业品牌引进更顺利,契合度更高,营造舒适的经营环境;减少不必

要的工程投入,避免二次改造增加成本;预先完成团队孵化,明确开业目标,更高效地梳理流程节点,等等。如某影院的开发,由于前期设计出了偏差,没有考虑到IMAX厅的层高需求,导致层高不足。为满足影院的正常开业需要,通过现场规划调改,后期改造总耗资近千万元。除层高设计之外,影院还需要考虑用电负荷及夜场疏散等问题,如果前期考虑得不周到,后期就需要花更多的人力、物力、财力去弥补。

2. 为商场各业态规划变更预留调改空间,构建智慧商业管理平台,为后期商业管理赋能

天骄爱生活拥有严谨的商场工程技术设计标准,能够依据项目现状,结合全系业态工程技术设计标准及品牌商的经验,对商业的工程技术条件进行优化。针对不同级别的商业综合体,以商业楼面荷载、层高设计、商铺用电负荷、空调负荷、公区亮度照明、品牌店技术要求等一系列标准,支撑甲方产品设计施工,确保业主的商业项目不出现因前期工程技术条件设置不足而导致二次开发成本增加,为商场各业态规划变更预留调改空间。

一个商业项目成功与否不仅取决于前期规划,更依赖于长期的运营、服务和管理。经营者如果连维持开店的成本都收不回来的话,一定会欠物业管理费和租金。物业企业必须从被动服务角色转化为主动经营角色,这就要求物业企业具备后期商业管理能力,即"传统物业服务+专业商业运营"能力。

天骄爱生活运用"1+3"商业管理思维,构建智慧商业管理平台,通过智能控制系统、设备监管系统节约人力、维护成本,助力商业运营能力提升;组织专业团队帮助商家精准定位,寻找盈利机会,匹配商业资源,进行流量导入,最终实现商物互融的价值飞跃。

商物互融、互利共赢是未来的发展方向,这要求物业企业具备创新思维、全过程运营能力、优质物业服务及商住资源互融等多方面能力。

分享主题3:科技赋能——智慧物业发展趋势

汪香澄(重庆天骄爱生活服务股份有限公司董事长、总裁)

近年来,物业行业已经有了31家上市公司。即便如此,对基本功的修炼仍是最重要的,是构建物业发展的基石。至于并购,不是简单的规模扩张,如果这个过程中管理、服务跟不上,会毁掉自己的品牌,所以要有质量的增长。资本市场为什么青睐物业行业,是因为背后的东西,例如社区、服务、流量经济和科技赋能,物业插上科技的翅膀会越飞越高、越飞越远。

在修炼内功方面,应该是"三驾马车"齐头并进,同时做好运营管理、社区经营和市场拓展。在收购、并购上,对于标的物要把握好质量,不仅要考虑挣不挣钱的问题,而且应该法务、财务、业务三条线同时调动,从服务现状、合规性发展空间等

多个维度进行考量。收购、并购不是一个企业卖、一个企业买,而是两家企业共同发展,是整合优质资源,共同向更高的平台前进。唯有如此,才能把企业做大做强,理性扩张,良性增长。

对于热门的科技赋能,大多数企业在科技上砸钱是不现实的,砸钱多就形成重资产。对于物业企业,更合适的做法是,借助其他科技企业的平台、技术,整合到自己的企业里。数据化带给我们的,不是表面的数据,而是背后的东西,即大数据生态。以设备出故障为例,作为工程维修人员,其会接收到故障位置、故障原因、故障解决办法等3条信息,提高工作效率。同时,原本经验少、能力弱的工作人员,也得到了学习机会。

专家点评

专家问诊一:周勇(上海家趣物业服务发展有限公司执行总裁)

周勇:物业企业做产业招商的优势在哪里?尤其在配置资源及人员能力方面需要付出怎样的努力?

徐先红:大部分传统物业企业是做住宅项目,所以做招商肯定会比较难。要问优势在哪里,我想是天骄拥有商住产一体化运营的基因。招商需要有分类,物业要整合行业资源,不同地区、不同政府有不同的招商引资政策,需要我们去与政府沟通。此外是提供金融资源支撑,积极引进科技企业,并扶持其进入资本市场,这样的资源整合就会很出色。最后是渠道建设能力,我们曾经服务过一个企业,因为它对我们的服务很满意,最终它把自己的上下游企业都搬到了我们的园区。

周勇:物业企业近年来也在尝试不同的运营模式,我们比较关心的是利润这块,当前天骄的产业板块在物业企业的业务中,占据什么地位?产值比例大概是多少?

徐先红:这个比例在18%左右。我们认为产业板块的综合运营已经成为物业企业的发展方向,是商住产不可或缺的一环,是转型升级的重要组成部分,在未来也将带来更多的业务增长点。

周勇:我们的企业也在做智能化管理,对于科技赋能不应该是重资产投入,我是非常赞同的。作为物业企业,我们的基因是做服务,IT这块应该量入为出,根据企业在不同阶段的特征进行投入。对于多业态的转型升级,我也感受强烈。从近期上市企业的资产组合,我们能看到更多非传统物业服务的业态进入了企业的资产包,其也赢得了资本市场青睐,这对我们有着很大的指导和参考意义。

专家问诊二:张钦(福州融侨物业管理有限公司福州分公司副总经理)

张钦:在新形势下,物业企业在巩固传统经营服务收益的基础上,如何依法依规创新经营服务项目和渠道,提高企业运营效益,实现可持续健康发展?

汪震洲:合法合规是任何企业发展的前提。我认为,做好经营首先要保证业主满意度,没有满意就没有生意。关于经营,首先要结合企业自身优势和特点,自身优势利用好了,带来的效益可能远超过去做App、做直播带货等新形式所带来的效益。比如曾经有个街区项目,原先由分散的小业主组成,每平方米30元的租金,我们收回来后通过商业运营,能够以每平方米60元租出去。再就是把客户需求转化成效益,做到因时因地制宜。

张钦:请问,天骄在商业物业招商方面有哪些优势?

汪震洲:首先是强大的招商团队,做一切业务,人都是基础。招商运营推广涵盖各个板块,我们的招商团队积淀了约20年的经验和人脉。其次是品牌商家资源库,我们与众多知名度较高的品牌建立了合作机制,这也是我们的财富。最后是全生命周期服务能力,包括商业设计标准及招商与服务的能力保障等。

专家问诊三:欧伟强(福建师范大学协和学院副教授,福建省高校人文社会科学研究基地"现代物业管理研究中心"研究员)

欧伟强:近年来,天骄致力于打造商住产一体化的多业态全息服务生态圈。我想了解的是,天骄如何协调业态之间的资源配置,打造企业核心竞争力?

汪香澄:我们在2015年底提出商住产一体化运营生态圈,希望物业的服务生态圈把3个业态整合到一块。一是购物中心,购物中心需要消费者,而住户就是潜在的消费者。住户拿着购物卡消费就能获得积分,积分能抵扣物业费,并且从住户的消费中,天骄还能获得返利。二是商企办公楼,其需求和住户不一样,但其也有购物和消费的需求,也可以通过平台整合资源。三是我们整合了医疗领域资源,实现网上预约挂号。有了业态和资源基础,串联起来就能形成内部闭环,为客户提供消费便利,也为商业板块输送潜在消费客户,业主也通过消费获得积分抵扣,大家都获得了收益。

欧伟强:无论是一体化产业平台所需要的资源整合,还是智慧园区强调的万物互联,都要面临与外部企业实现信息有效共享,解决"信息孤岛"问题。天骄在此方面有哪些值得借鉴的做法?

徐先红:每个企业在数字化进程中都会存在产品与以前的应用不兼容的情况。天骄始终坚持走出去、引进来的指导思想,进行战略性规划,在合作中我们会系统性地思考信息,做数据沉淀,达到真正的信息互联。同时,我们与外部的数据共享也是有选择性的,是基于业务逻辑和战略定位的共享。

欧伟强:新时代背景下,大数据、云计算、物联网、人工智能等新兴技术不断渗透,智慧物业成为行业发展趋势。天骄以产业一体化平台为思路,以智慧赋能为导向,展示了物业企业转型升级的重要路径。智慧化也分为很多阶段,首先获取数据比如人脸识别,其次是数据在不同模块的分层次利用,最后是由大数据提供决策依据。希望天骄以此为契机,打造自己的核心竞争力,引领物业行业高质量发展。

在线分享

1. PPT

(1) 新时期新变革 构建产业一体化运营平台

(2) 因时而变 随事而制 天骄商物互融 3.0 时代 亦商亦物的全方位服务商

(3) 科技赋能——智慧物业发展趋势 资本关注下对物业的思考

2. 视频

(1) 徐先红:新时期新变革 构建产业一体化运营平台

(2) 汪震洲:因时而变 随事而制

(3) 专家问诊:林常青、欧伟强、汪香澄、周勇、张钦、杨熙

第十章 数字化集成物业服务

 学习目标

1. 了解信息化战略规划对企业开展数字化转型的重要性;
2. 了解数据治理对企业实现平台集成、数据共享的重要性;
3. 了解鑫苑服务运营可视化、服务数字化和场景在线化应用模式,以此对中小物业企业数字化路径与方法形成借鉴价值。

 学习指导

学习本案例,首先要认识到信息化战略规划对企业开展数字化转型的重要性,以及数据治理对企业实现平台集成、数据共享的重要性。然后认真学习领会数字化建设的特色,即顶层设计、数据治理、平台搭建、科技引领和务实应用。理解这些特色对物业服务中人与人、人与物、物与物的连接,促进业务协同和敏捷创新,以及与业务深度融合、赋能业务创新,灵活地响应和满足业务变化的需求,助力提升企业数字化转型等方面的价值。最后要学会运用这些建设经验,在数字化思维创新和业务实践中,不断提升管理水平、创新服务模式。

案例 10：鑫苑服务：运营可视化、服务数字化和场景在线化

案例材料

一、公司简介

鑫苑科技服务集团有限公司（以下简称"鑫苑服务"）成立于 1998 年，以华中地区为源头，逐步在北京、上海、天津、成都、三亚、郑州、苏州、济南、西安等地成立分公司，其业务范围覆盖住宅、办公、商业综合体、产业园、文旅、酒店等多种业态，实现全方位立体式服务。2019 年 10 月，鑫苑服务在香港联交所上市。鑫苑服务在数字化转型领域积极布局和广泛探索，积极实践区块链、AI、大数据等新技术应用。鑫苑服务的定位为"泛物业产业运营商"，出于对服务价值和科技赋能的充分认知，在数字化方面始终"敢为人先"。鑫苑服务于 2016 年推出智能社区安防机器人，于 2017 年推出家庭生活机器人。鑫苑服务是国内区块链底层技术较早的布局者之一。鑫苑服务积极布局社区科技产业，形成经营收益新的增长极。在智慧物业服务方面，开展数据治理、业财一体化等特色建设，为管理和业务进行科技赋能。在智慧生活服务生态打造方面，基于管理资源及信息技术，通过线上线下有效结合以及科技产业的横向连接，以前端的专业服务、社区生活服务、社区资产运营、社区养老服务、社区幼托教育服务为核心，拓展不同业务条线的产业规模，形成了泛物业产业生态布局和发展的核心优势与能力。

二、案例背景

在数字化浪潮下，过去成效显著的业务模式，逐渐被数字技术创新所颠覆。传统企业面对数字化的挑战，必须具有自我颠覆的意愿，否则将无法适应时代的发展。新技术的出现，影响了传统企业的价值链，影响了消费者的消费场景，使传统企业的整体业务模式受到冲击。

在此背景下，鑫苑服务于 2016 年提出科技化转型战略，关注科技赋能和数字化转型。公司以慷宝社区云、慷宝机器人等为核心，通过统一的平台将信息化建设升级为以智慧物业、智慧社区应用为主的智慧服务体系。

经过多年的探索，鑫苑服务形成了自身的数字化建设特色。通过数字化建设，鑫苑服务构建了企业数字化转型的能力支撑平台。该平台不仅汇聚和整合新的数字技术，为公司提供广泛的人与人、人与物、物与物的连接，促进业务协同和敏捷创

新,还能与业务深度融合、赋能业务创新,且能灵活响应和满足业务变化的需求,助力企业数字化转型。通过数字化建设,鑫苑服务构建了以社区为基点、以城市为服务空间、以多元产业为支柱的泛物业产业生态圈,并以技术资本高效聚集融合,革新产业运营方式,致力于成为领先的泛物业产业运营商。

三、内容框架

1. 主要依据

鑫苑服务的数字化经历了多个阶段。2008年,鑫苑服务开始向全国发展,这时候信息化的重点是支持管理标准快速复制,通过ERP等相关系统部署实现业务管控、标准执行。2012年,鑫苑服务抓住互联网时代的发展机遇,建成了包含"鑫模式""鑫家园""鑫服务""鑫生活"四大平台的"鑫E家"信息化模式,促进了管理效率提升与服务体验创新。2016年,鑫苑服务提出科技化转型战略,关注科技赋能和数字化转型,通过统一的平台将信息化建设升级为以智慧物业、智慧居家、智慧社区三大模块应用为主的智慧服务体系。2020年,鑫苑服务进行了完整的顶层架构设计,构建了MSP应用模型,并提出定义数字化社区、发展数字化社区和引领数字化社区三步走的整体策略。鑫苑服务的数字化发展其实也是随着企业的战略发展和管控需求,进行不断的提升和演进。

2. 内容要素

鑫苑服务的数字化建设特色主要体现在以下5个方面。

1)顶层设计

信息化顶层设计,即信息化战略规划。信息化战略规划分为信息化战略与信息化规划,两者有着本质上的连带性。信息化战略是在公司战略的基础上,参考企业发展目标和竞争需要而制定的,为公司信息化管理与发展方向提供总体指导。信息化规划是依赖信息化战略,制定出各种约束和规则的过程,使战略变得可以实施,是公司一定时期内信息化建设工作的总体框架,是指导公司信息化建设的重要依据。

鑫苑服务非常重视信息化战略规划,并提出"赢在顶层"的理念。2019年,鑫苑服务成立了信息化战略规划领导小组,开展了信息化战略规划专项咨询,通过系统的梳理业务架构、应用架构、数据架构、技术架构和基础架构,规划出了适应鑫苑服务未来3年发展的信息化战略、信息化建设蓝图与实施路径。通过本次规划的设计与执行,推动了公司信息化建设有序进行,提升了公司信息化整体水平。

鑫苑服务在对未来趋势的前瞻性预判的基础上,进行系统性、体系化的信息化战略规划,并将战略与制度流程挂钩,将制度流程与信息技术挂钩,将战略与企业文化再造挂钩,推进实现企业转型升级,打造智慧企业。

鑫苑服务以"以人为本,科技赋能"为基本理念,持续关注、引进区块链、AI、大数据、5G等新技术,通过科技赋能,在提升业主体验的同时,实现公司整体服务的降本提效。鑫苑服务始终以人为本,关注员工发展,让员工有更多的时间为业主提供个性化服务,有更多的时间进行创新。鑫苑服务信息化战略以"为实现公司泛物业产业运营商的战略而提供信息化支撑"为使命,以"创新引领、科技赋能"为愿景,以"技术新方向、管理新思路、业务新模式"为目标,构建了完整的 MSP 应用模型,实施运营可视化、服务数字化和场景在线化。

(1)运营可视化:物业管理精细化、生产经营可视化,围绕人力、财务、品质等建立数字化体系,降低成本费用,提升管理效率和质量,实现业务流、资金流、信息流的高度统一和可视化。

(2)服务数字化:客户画像精准化、服务流程数字化,围绕客户服务,从云报事、云缴费到互联网增值服务,建立动态感知、快速响应的主动服务体系,为客户提供更加智能、便捷的产品和服务。

(3)场景在线化:业务拓展线上化、社区场景智能化,线上线下同步拓展,围绕社区、商圈、园区等不同场景,创造无感、便捷的空间体验,为客户提供综合性、多样化、智能化服务,激活泛物业智慧生态圈。

2)数据治理

数据治理是组织中涉及数据使用的一整套管理行为。由企业数据治理部门发起并推行,主要内容包括制定和实施针对整个企业内部数据的商业应用和技术管理的一系列政策和流程。数据治理是一个管理体系,包括组织、制度、流程和工具。数据治理是企业实现数字化战略的基础,数据治理的最终目标是提升数据的价值。

数据治理也是鑫苑服务的特色之一,传统物业企业往往会建设一个数据大屏进行展示,但忽视数据本身的系统性治理。鑫苑服务开展了数据治理专项工作,针对全集团范围内的数据进行统一管控,从数据标准管理、数据质量管理及数据安全分级三个主题进行梳理,并从组织、流程、工具三个方面进行支撑。

数据治理流程按不同的数据治理维度,将数据的管控目标、责任、考核联系起来,并通过一套有效的沟通及反馈机制,形成一个闭环流程。数据治理流程可以在很大程度上帮助鑫苑服务理顺日常的数据管理工作,保证数据的采集、流转、使用过程能按照既定流程执行,提升工作效率。通过数据治理流程的执行,可以从实际的运转过程中发现数据治理不足和需要改进的地方,促进了数据治理工作进一步深化、演进和发展。

数据治理工具的基础是数据管理平台(DMP),该平台存储了数据治理工作的相关内容,主要包括数据业务标准定义内容、数据技术标准定义内容、代码标准定义内容、数据质量要求内容、数据质量评价指标及评分方法、数据安全级别、数据授权清单等。鑫苑服务通过 DMP 与相关应用系统建立了实时和非实时的数据接口,可以在数据管理内容存储数据库内的相关数据管控内容变化了之后将变化后的内容同步给相关应用系统。

鑫苑服务基于 286 个业务对象,梳理出 1324 张业务视图,筛选定义了 5773 个数据属性,对 429 个关键数据和业务指标进行了标准化,并基于 10 大主题开展了 166 项需求分析展示。通过统一数据标准,统一数据统计口径,在总部及下级企业的各应用系统上得到统一、正确、及时的应用,使各部门真实、完整、准确、及时地交流生产经营基本信息和统计归口信息,从数据层面为鑫苑服务高层领导及管理人员的决策分析提供及时、准确的数据支撑,使其能运用数据来驱动企业战略决策、业务经营决策,实现用数据来说话、以数字为驱动。

3)平台搭建

平台搭建是信息化集成的关键环节,平台架构涉及数据中心、系统、数据、应用等不同层面,平台的产品标准、架构标准等需要逐步建立、逐步完善,这些标准的制定贯穿于平台建设的各个层面,需要从多个角度逐渐予以完善。

物业行业数字化转型特点为"平台+生态",几乎成为行业内的共识。平台建设是一项长期工程,鑫苑服务统筹规划,从企业架构的各个层面逐步制定平台建设中各类适合鑫苑服务的信息标准。鑫苑服务于2020年开展了三大平台即硬件平台、应用平台和数据平台的建设。

硬件平台方面,鑫苑服务搭建了混合云架构。混合云既融合了公有云的弹性快速,又保障了企业私有云的安全。另外,行业内通用的网络架构为单核心树形网络结构,一旦核心设备出现硬件故障,则后果不堪设想。而鑫苑服务搭建了双核心双链路,核心节点双交换机之间采用万兆以太网链路提供高速链接,选用不同运营商线路实现双链路。核心层设备均采用分布式体系结构、关键部件冗余的高可靠性设计,可伴随核心业务的增加进行平滑扩展。在计算资源方面,鑫苑服务将多个虚拟化服务器进行集群部署,组成计算资源池,并实现虚拟机的高可用、快速部署等特性。

应用平台方面,鑫苑服务打造了基础服务平台,实现异构系统的界面集成、流程集成、消息集成和服务集成。鑫苑服务在统一应用平台建设之前,由于业务单元不一致,形成了人力、OA、财务等多套组织架构,运维人员需要维护多套组织数据和员工数据。通过应用平台的实施,鑫苑服务规范了统一的组织架构,利用统一平台形成鑫苑服务员工主数据,对外以配置表的形式输出(推送组织单元、岗位、员工基础信息),为各系统提供服务,各系统通过统一身份认证后提供相应的应用服务。

鑫苑服务数据平台建设的整体思路是"三化":业务数据化、数据在线化、在线可视化。通过多维立体、三屏联动的动态看板,实现数据治理成果的可视化。从时间、专业、项目、管理层级和专业主题等多种维度,实现手机、PC、大屏三屏联动。通过在数据平台上层层穿透,鑫苑服务抓取运营数据的时候很容易获取准确数据。鑫苑服务的手机桌面,可以通过移动端随时查询企业经营和业主服务数据。

4)科技引领

鑫苑服务的定位为"泛物业产业运营商",出于对服务价值和科技赋能的充分认知,鑫苑服务在科技研发与应用方面始终"敢为人先"。

鑫苑服务十分重视基础理论研究和高端人才培养。2016年,鑫苑服务与清华大学五道口金融学院联合成立了鑫苑房地产金融科技研究中心,主要研究领域包括区块链、大数据、人工智能、科技金融等热点问题。该中心致力于运用先进、科学的研究方法,通过理论结合实践,搭建学术研究和产业发展交流平台,在产业、科技领域形成跨界合作。同时注重培养科技领域的管理和专业人才,推动科学技术及模式的发展与创新。

鑫苑服务在数字化转型领域积极布局和广泛探索,积极开展区块链、AI、大数据等新技术研发与应用。鑫苑服务是国内区块链底层技术较早的布局者之一，2017年，其区块链专利数量排名全球第五、全国第三。同时，鑫苑服务自主研发多款AI机器人，于2016年推出智能社区安防机器人，于2017年推出家庭机器人。截至2021年，鑫苑服务已经推出第三代家庭机器人。

5) 务实应用

鑫苑服务信息化建设的特点是相对务实的，在过程中要经过相对科学的评估，即在平台搭建之前一定要考虑明白"为什么做？""做什么？""怎么做？"这些问题。价值评估主要体现在两个方面：一个方面是对内，主要包括降本增效、管理效率提升、质量提升、风险控制几个方面的要求；另一个方面是对外，主要衡量指标包括拓展维度、规模维度、客服维度、价值维度和创新维度。

从建设模式来说，经过多年的探索，鑫苑服务逐步找到了适合自己的建设模式，比如"统一平台+数据治理""成熟产品外购+深度应用自研""公有云+私有云"，以及双速IT。另外，基于鑫苑置业内部各类科技资源，鑫苑服务也有近水楼台先得月的优势。与鑫苑置业旗下巨洲云公司在ERP领域形成全面战略合作关系，在财务、人力、办公、预算等信息化建设领域开展合作。接入爱接力的慷宝云平台，将慷宝物业云、慷宝机器人等端口形成统一的服务平台，提供社区生活一站式服务，用社区"最后一公里"的资源聚集效应，介入垂直电商，将多个电商入口在平台上进行集成，实现多入口单点登录，强化科技产业横向连接，布局社区科技产业，形成经营收益新的增长极。

四、主要的成果及经验

基于顶层架构设计规划，鑫苑服务形成了MSP应用模型，实施运营可视化、服务数字化和场景在线化。运营可视化解决如何推动管理效率提升的问题，服务数字化解决如何实现新的客户体验的问题，场景在线化解决如何追寻新的商业模式的问题。

（1）在运营可视化方面，鑫苑服务在业内率先提出业务财务一体化，通过五个统一，即统一科目、统一预算、统一收入、统一费用和统一报表，推动实现业务财务一体化。通过统一收入/费用平台，实现业务属性（计划、合同、事项）与财务属性（科目、预算、资金计划）关联，通过控制各类预算，加强成本精细化管理，实现全面预算管理。通过与银行、税务等外部系统连接，实现发票自动校验、收入支付银企直联。通过业财一体化的实施，在鑫苑服务的数据平台可以实时查看各层级收入、支出和预算完成情况，并可以从财务视角下探至业务视角，了解每一笔财务数据的业务来源。

（2）在服务数字化方面，基于"六心"服务构建数字服务体系，形成业主全阶段生活需求一站式服务平台，真正做到随需而动、快速响应。鑫苑服务打造了包括智能机器人、400云座席、官微、App、慷宝云管家等在内的多渠道用户服务平台。其中，400云座席利用云端技术，将项目前台、移动客服纳入平台统一管理，打造客户服务共享中心，通过互联网接入方式，对服务标准、流程、知识进行共享和统一提供,对多个项目的工作状态进行数据汇总,通过清晰直观的图表展现形式,让绩效考核和营销方案制定更轻松。另外,通过AI智慧园区监控系统,可以对园区的电动车入梯检测、垃圾桶满溢检测等场景进行智能化的预警和监控。

(3)在场景在线化方面,鑫苑服务通过线上线下双轮驱动,不断发现新的服务模式,实现线上线下一体化的生态打造。以慷宝社区云为核心,用社区"最后一公里"的资源聚集效应,接入垂直电商,将多个电商接口在平台上集成,实现多入口单点登录,强化科技产业的横向连接。慷宝社区云线下触点(社区物联网设备)及线上触点(小程序、App、机器人提供的线上功能)的交互行为,使社区生活触点几乎包罗一切,包括人脸识别开门、停车缴费、代收快递、物业缴费等。业主与线上触点及线下触点的交互频率极高,通过线下触点向线上引流,鑫苑服务提供全场景、全业态服务,打造社区居民美好新生活。

物业行业经过数十年发展,已经从物业管理变为物业服务,再变为生活服务,加上资本的关注、技术的进步,使得物业企业的发展边界与想象空间都得到了拓展。服务范围的扩大、线上线下一体化局面的出现,说明物业企业业态得到不断细分,业务领域不断延伸,行业进入快速迭代发展阶段。

物业行业的特征在于低门槛、高运营能力要求,如何构建企业的"护城河",得看企业自身核心能力如何打造,把业务模式做出特色,形成自己的核心竞争力。鑫苑服务给自己的定义是高性价比和高满意度,通过数字化能力来彰显核心竞争力。数字化意味着人员、资产、资源、流程、体系的全盘数字化,是经营管理的数字化,是业务模式的创新,是组织模式的再造,最终才会在企业的业绩数字上体现,而不只是应用层面的工具创新。

数字化转型是个持续渐进的过程,与企业的成长阶段相辅相成。企业发展到一定阶段需要数字化手段相匹配,数字化也反过来推动企业升级。从过程来说,首先是企业发现了痛点、短板,接着驱动数字化应用,最后达到高级的数字化业态,如业财一体化、智能态势感知。数字化转型升级是一个开放的定义,要怎么做,得结合企业自身实际情况,不断通过跨界学习,借鉴他人经验,通过更多的交流分享,探索转型升级之路。

 案例分享

分享主题:运营可视化、服务数字化和场景在线化

何素刚(鑫苑科技服务集团有限公司首席信息官)

鑫苑服务的运营可视化、服务数字化和场景在线化主要有以下四个方面的经验。

1. 数字化顶层规划

什么是数字化转型？从技术角度，数字化转型强调数字的可视化、可量化和可优化。从业务角度，数字化转型是对业务进行系统性、彻底性重新定义。数字化转型涉及企业的方方面面，包括管理模式的转型、业务模式的转型、产品服务的创新和决策模式的创新等。只有企业对其业务，不仅仅是对IT，而是对企业文化、组织结构、流程、业务模式和员工能力的方方面面进行重新定义的时候，成功才会得以实现。

对于鑫苑服务来说，数字化转型主要体现在三个方面：鑫赋能、鑫平台、鑫生态。鑫赋能主要强调为员工赋能、为管理赋能；鑫平台旨在提升客服水平、提升业务价值；鑫生态主要通过数字化模式，布局泛物业产业生态，实现鑫苑服务"泛物业产业运营商"的战略发展定位，是数字孪生和数字重构。

基于顶层架构设计规划鑫苑服务形成了应用模型：运营可视化解决如何推动管理效率提升；服务数字化解决如何实现新的客户体验；场景在线化解决如何追寻新的商业模式。

在做信息化项目搭建与分解时，鑫苑服务基于统一架构原则，通过系统梳理业务架构、应用架构、数据架构、技术架构和基础架构，规划出了六大领域、35个任务、80个项目，以及适应鑫苑服务未来3～5年发展的信息化战略、信息化建设蓝图与实施路径。通过本次规划的设计与执行，推动了公司信息化建设有序进行，提升了公司信息化整体水平。

2. 数字孪生与应用

数字孪生是采用信息技术对物理实体的组成、特征、功能和性能进行数字化定义和建模的过程。数字孪生将物理世界发生的一切，放进数字空间。只有带有回路反馈的全生命跟踪，才是真正的全生命周期概念。这样，就可以真正在全生命周期范围内，保证数字世界与物理世界协调一致。基于数字化模型进行的仿真、分析、数据积累、数据挖掘，甚至人工智能的应用，都能确保其与现实物理系统的适用性。

目前数字孪生在国内的应用最深入的是工程建设和智能制造领域，在物业行业的应用还不够深入。鑫苑服务围绕数字孪生发展方向启动了"对人的管理、对物的管理、对客户的服务、对伙伴的服务"，打造信息管理平台、物联网平台、客户服务平台和生态系统平台。线上持续推进基于Xbolt联盟链、AI技术的慷宝社区云。基于线下实体和线上平台，让业主足不出户即可满足物业缴费、家政服务、商品配送、房产中介、社区养老等需求，形成业主全阶段生活需求一站式服务平台，真正做到了随需而动、快速响应。

鑫苑服务构建了业务支持系统、管理支持系统、社区服务系统及战略支持系统一体化的物业管理信息系统。通过物业管理信息系统的实施和运用，全面提升了公司的业务响应速度和运营决策效率。截至2019年12月31日，物业服务收入实现3.14亿元，同比增长19.5%；增值服务收入实现1.29亿元，同比增长66.2%；交付前及咨询服务实现收入0.91亿元，同比增长68.7%。全年人均管理面积同比增长19.5%,业主信息处理效率同比提升9%,业务决策效率同比提升13%。

3.数字治理分享

企业信息化的发展过程实质上就是数据集成的发展过程。国内外相关专家研究及信息化领先实践等表明,企业信息化遵循从分散到集中、从集中到集成、从集成到共享的发展规律。

鑫苑服务在信息化建设过程中,也存在由于缺少标准而导致信息化效果不好的情况。为此,鑫苑服务启动了数据治理专项任务,形成了"统一的标准、统一的流程、统一的字典"。

数据治理体系建设需要依照总体规划,逐步完善并提高整体数据管理水平。通过不同阶段、不同目标的逐步演进,为鑫苑服务建立一个责权利明确、精细化管理的全面数据治理体系。

鑫苑服务通过指标库建设,制定了数据的业务属性(如业务含义、业务规则等)、技术属性(如数据类型、长度、精度等)和代码数据属性(如编码规则、代码数据等),梳理企业数据并整合生成标准。

通过统一数据标准、统一数据统计口径,并在总部及下属企业的各应用系统上得到统一、正确、及时的应用,使各部门真实、完整、准确、及时地交流生产经营基本信息和统计归口信息,从数据层面为鑫苑服务高层领导及管理人员的决策分析提供及时、准确的数据支撑,使其能运用数据来驱动企业战略决策、业务经营决策,以数据说话。

通过标准化建设,鑫苑服务建立和形成适合自身发展需要的信息基础标准体系(包括数据元素标准、信息分类编码标准、用户视图标准、数据库标准、应用系统设计规范、信息管理与开发利用体系等),这些标准的建立和执行,是公司信息化建设避免重复投资、加速信息流通、实现信息授权共享、取得最大效益的基本前提和基础。

4.数字化保障体系

对于鑫苑服务的数字化转型,一方面抓战略,鑫苑服务的每一次数字化提升无不与企业发展战略有关,通过战略来推动数字化转型;另一方面抓管理,在数字化建设过程中,鑫苑服务实现了统一规划、统一标准、统一实施、统一评估的全过程闭环管理。鑫苑服务的数字化保障体系具体表现在以下几个方面。

(1)抓战略:鑫苑服务非常重视数字化战略规划,并提出"赢在顶层"的理念。2019年,成立了数字化战略规划领导小组,开展了数字化战略规划专项咨询,并系统梳理了业务架构、应用架构、数据架构、技术架构和基础架构。

(2)抓文化:鑫苑服务在对未来趋势前瞻性预判的基础上,进行系统性、体系化的信息化战略规划,并将战略与制度流程挂钩,将制度流程与信息技术挂钩,将战略与企业文化再造挂钩,推进企业转型升级,打造智慧企业。

(3)抓人才:鑫苑服务十分重视基础理论研究的突破和高端人才的培养。2016年,鑫苑服务与清华大学五道口金融学院联合成立了鑫苑房地产金融科技研究中心,主要研究领域包括区块链、大数据、人工智能、科技金融等热点问题。鑫苑服务基于大中台战略，打造统一的业务架构、应用架构、数据架构、技术架构和基础架构，创新地配置和引入了架构师岗位和专业人才，构建起完整的企业架构。

（4）抓研发：鑫苑服务在区块链、科技地产、AI和物联网等方面进行了布局和深入研究。鑫苑服务是国内区块链底层技术较早的布局者之一，2017年，其区块链专利数量排名全球第五、全国第三。

（5）抓数据：鑫苑服务启动了数据治理专项任务，形成了"统一的标准、统一的流程、统一的字典"。通过标准化建设，建立和形成适合自身发展需要的信息基础标准体系（包括数据元素标准、信息分类编码标准、用户视图标准、数据库标准、应用系统设计规范、信息管理与开发利用体系等），这些标准的建立和执行，是公司信息化建设避免重复投资、加速信息流通、实现信息授权共享、取得最大效益的基本前提和基础。

（6）抓体系：鑫苑服务还在当前信息化规划管控的基础之上，制定了常态的信息化满意度评估机制，每季度开展一次信息化满意度评估调研。通过关键绩效指标库的建立，与信息化主管部门、人力资源部门共同建立对智慧物业运营的考核体系，形成良好的激励机制，使鑫苑服务的信息化建设进入良性循环。

专家点评

专家问诊一：朱浩（中物品质联盟执行总经理，支付宝大学物业行业客座讲师）

朱浩：鑫苑在数字化与业务的结合上已经做得非常精细，尤其是业财一体化。那么对于发展型、中小型物业企业，其在末端管理项目中也涉及服务品质管控问题，一线服务人员的素质可以通过培训等途径提高，但也意味着成本的增加。在这样的大背景下，如何保证人力成本控制与服务品质的均衡？

杜祥艳：鑫苑主要从以下三个方面进行相应的管控：其一，应用智能化新工具，提升作业效果，同时提升了业主的感知，最终实现降低人员配置和成本的目的；其二，物业行业是人与人高度关联的行业，现场人员的精简有底线值，通过信息化、数字化对中层赋能，提高中层管控幅度和效能；其三，在传统手段基础上，布局AI、物联网技术，实时动态管控服务。我们认为，未来科技将进一步改变服务生态，提高管理效率。

朱浩：中小型物业企业也在寻求适合自身的智慧管理平台与工具，鑫苑经过多年发展，在这方面有何建议？

何素刚：鑫苑的经验主要包括以下三个方面。一是经营范围上注重实效、聚焦小而美，从投入小、见效快的方面入手。对于物联网、智慧化应用，中小型物业企业并不一定有足够的投资，可以对社区分级管理，根据成熟度进行配套投入。二是尽量使用成熟软件，减少对成熟软件的修改和开发，尤其是小型物业企业，可以直接利用SaaS平台。三是对管理体系进行梳理，只有完成管理标准化，才能与线上信息化系统无缝对接。

专家问诊二：姚平（金地智慧服务集团副总裁、党支部书记，深圳市物业管理行业协会副会长）

姚平：劳动密集型企业在数字化转型过程中遇到的挑战是非常多的，那么鑫苑遇到的最大挑战是什么，又是如何解决的？

何素刚：挑战可以总结为三个方面：一是数字化转型在定义上没有统一的标准，这意味着建设过程中缺少可借鉴的模式和成功经验，而头部企业的经验中小企业未必可以直接采用；二是作为劳动密集型、成本强管控行业，我们对成本非常敏感，投入有限，规模有限，这制约了我们的想象空间；三是信息化和数字化建设有着本质区别，数字化转型对人员有更高要求。

在解决办法上，首先要坚定信念，达成全员统一认识。数字化转型是一把手工程，需要高层的重视，需要对全员进行宣传、培训，加深系统的不断运用。其次要做好顶层设计，在技术和数据层面不做好架构设计会导致数据孤岛和系统冗余，要想达成统一平台，必须做好专项数据治理；最后，数字化工具是新兴事物，要敢于创新和试错，不断寻找适合自身规模和发展方向的模式。

姚平：鑫苑在人力资源、科技、业财一体化等方面已经走在了行业的前列，尤其是业财一体化。劳动密集型企业的数字化转型是非常困难的，一把手要长期支持项目。此外，科技团队和业务团队要密切结合，单靠信息团队或业务团队去推动会非常难。最后，在转型过程中，企业要灵活调整决策，适应新局势的发展。

在线分享

1. PPT

鑫苑物业数字化转型建设分享

2. 视频

（1）何素刚：鑫苑物业数字化转型建设分享

(2)黄波:财务驱动运营,实现业财融合

(3)王研博:鑫苑数字化转型总结

(4)专家问诊:林常青、朱浩、姚平、杨熙

第十一章 数字化集成指挥与运营

 学习目标

1. 了解在数字化时代数字化平台对物业企业指挥与运营工作的重要性;
2. 掌握数字化集成指挥系统及"三平台"+"四体系"+"双闭环"主要服务模式;
3. 结合企业实际或在调查研究的基础上提出数字化指挥系统改进或完善的意见建议。

 学习指导

学习本案例,首先要认识到数字化时代数字化平台对物业企业指挥与运营工作的重要性。其次围绕数字化集成指挥系统建设及"三平台"+"四体系"+"双闭环"主要服务模式,全面掌握数字化指挥与运营的基本知识技能。最后结合实际,提出改进指挥系统及运营工作的意见建议,提高数字化时代物业服务的水平与品质。

案例11：雅生活：集成指挥，数字运营，让服务一直在线

案例材料

一、公司简介

雅生活集团（以下简称"雅生活"）成立于1992年，于2018年2月9日在香港联交所正式挂牌上市，业务涉及物业服务、资产管理、公共服务、城市服务和社区商业等，下设华南、海南、华东、西南、华中、西北、华北七大业务区域。目前，雅生活集团合约面积突破5.8亿平方米，在管面积突破4.2亿平方米，服务团队超过70000人，服务业户超过300万人，服务项目超过3600个，覆盖全国31个省、直辖市、自治区，进驻全国199个城市。

二、案例背景

近年来，物业行业仿佛一夜蜕变，不再是一提物业就是站岗、扫地的行业。政府的肯定、资本市场的关注把物业行业推到一个前所未有的位置。这也引发了各方对物业行业本质的思考。物业包含物和业，物是对一个建筑空间内所有资产的统称，业是指业主，是物的持有者或使用者，物业最终是解决物的管理和人的服务问题。物业管理服务与有形产品不同，它的生产与交付具有无形性、同步性等特征。物业行业本质由客户端和员工端决定，物业作为客户与员工连接方，承担的最大职责是科学、准确、高效地撮合需求方与供给方。针对不同的需求匹配不同的服务能力从而形成物业竞争力，细分业态的物业领域需要物业企业进行更科学、高效的供需管理。

雅生活集团率先引入港式物业管理模式，是国家首批一级物业管理资质企业。约30年来，雅生活集团以物业管家式服务为核心，不断探索、提升服务品质，发展现代化物业服务。通过打造集成指挥中心，连接需求方和服务方，以客户为起点，把关联的人、事、物有机串联起来，突破时间和空间的限制，构建即时服务机制。通过管控升级，让所有的人、事、物在一定规则内高效地自主运转，对需求方的需求集中收集、集中清洗、集中分析，调度并匹配针对性服务，为全国雅生活业主提供"7×24小时"在线服务，针对业主诉求实施全国统一受理、办结，实现以客户为中心的服务纵横穿透、诉求监管考核、数据多维管控，从而提升服务品质和业主满意度。

三、内容框架

1. 主要依据

2021 年 7 月 13 日,住房和城乡建设部等发布了《关于持续整治规范房地产市场秩序的通知》,其涵盖的范围涉及开发、销售、租赁、物业四大领域。关于物业管理方面,主要涉及的监管信息包括:未按规定公示收费、业主共有收益、维修资金使用等信息,未按合同收费,侵占、挪用业主共有部分经营收益,不退出物业服务项目等情况。2021 年 7 月 16 日,人力资源和社会保障部等共同印发《关于维护新就业形态劳动者劳动保障权益的指导意见》,提出要规范用工、强化职业伤害保障等。作为劳动密集型企业,物业企业面临着不断上涨的人力成本,持续扩大的管理半径,以及千人千面的个体诉求等方面的挑战。因此,物业企业急需规范管理和发展,推动物业服务向高品质和多样化升级,强化物业服务监督管理,从而形成行业新秩序,进一步满足人民群众不断增长的美好生活需要。

2. 内容要素

基于经济社会高质量发展和互联网飞速发展,雅生活集团积极探索物业管理方面的转型升级新模式,运用数字化和智能化的科技手段赋能物业服务,通过打造集成指挥中心,连接物业服务的客户端、员工端、运营端、服务端,从而实现物业服务的流程化、标准化、集约化、数据化。

雅生活集成指挥中心以"三平台"+"四体系"+"双闭环"为主要服务模式,通过不断对物业服务数据进行集中收集、集中清洗、集中分析,建立项目画像、客户画像、员工画像,最终实现精准服务、专属服务。主要内容如下。

(1)"三平台",包括云呼平台、雅管家平台和生产运营平台,三大平台底层数据互联互通。

(2)"四体系",包括客户声音管理体系、数据分析决策体系、任务分配管理体系和员工成长管理体系。

(3)"双闭环",触发式管控的事后管理和主动式管控的事前预防形成闭环管理。

四、主要的成果及经验

1. 由线性管控到网状管控

传统模式下服务需求的传递和响应采用线性管控,线性管控存在服务信息传递失真、效率较低,导致服务响应滞后,最终体现为客户的不满意。网状管控可以很好地解决这些问题,它把整个生态里的各个角色如客户、管理方、服务方有机结合。雅生活集成指挥中心使服务和管理更加靠近业主和一线员工,在服务场景中建立无数个触点,这些触点最终编织成一个透明开放、信息共享、全员参与的价值网。

2. 由分散运营到集约运营

在传统物业运营模式下,项目管理结果的好坏很大程度上取决于项目经理个人能力的高低,由于前端项目的分散化、时间与空间的限制,存在监管成本较高、监管效果不理想等弊端,归根结底,这种管理模式的本质是靠人形成的分散式管理模式。雅生活集成指挥中心的集约化运营是搭建服务信息连接与传送网络,使服务信息快速传递与共享,节约信息处理的时间成本与机会成本,使企业不必维持臃肿的组织结构,低效冗余的价值链环节也被取消,大大提高了内部运行效率。集约化运营势必可以很好地解决物业行业发展过程中规模不经济的瓶颈。

3. 由经验决策到数据决策

从经验决策到数据决策的演变,数据决策的战略意义不在于掌握庞大的数据信息,而在于对含有意义的数据进行专业化处理。换言之,如果把数据分析比作一个加工厂,那么雅生活集成指挥中心的主要功能在于提高对数据的"加工能力",通过"加工"实现数据"增值"。数据放在那里只是数据,数据流动应用后才能变成资产。通过数据流指导业务流,实现一切数据业务化,一切业务数据化。

案例分享

分享主题1:集成指挥,数字运营,让服务一直在线

分享人:冯欣(雅生活集团副总裁兼雅生活物业服务公司总裁)

传统物业管理向现代物业服务转型是大势所趋,特别是在经济社会高质量发展和互联网飞速发展的背景下,跨界升级是物业行业关注的热点。跨界升级包括组织升级、服务升级、管理升级、运营升级、模式升级等方面。如何提升客户满意度、提高组织运营效率、优化企业的商业模式,成为物业企业转型升级的关键。

1. 集成指挥赋能,跨界升级发展

雅生活的集成指挥中心建设正是跨界升级思维的产物。集成指挥中心包含双层含义——集成和指挥。"集成"一词来源于IT行业,通常指将软件、硬件与通信技术组合起来为用户解决信息处理问题,集成的各分离部分原本是一个个独立的系统,集成后的整体的各部分之间彼此有机协调地工作,以发挥整体效益,达到整体优化的目的。集成指挥中心的集成是客户声音的集成、组织职能的集成、服务提供的集成,将分属各职能部门为客户提供的服务集中于统一的平台,最终实现一个电话或一个App快速解决客户所有问题的目标。通过集成的实现,为准确科学的指挥创造基础。集成指挥中心的指挥不再是通过传统的"人治系统"而是"智能指挥",通过科技、流程、机制的有机结合,提升信息和数据的流动性,促进信息和数据跨组织、跨地域快速传递,大大降低信息沟通处理的成本,解决物业行业信息流转成本的痛点。

2. 深化"四端"服务,实现"四化"建设

集成指挥中心的建设以"关注'四端',实现'四化'"为目标。"四端"包括以下内容。一是客户端:通过平台标准化应用,随时提供物业服务,并为有特定需求的客户提供量身定制的解决方案。二是员工端:营造愉快的工作环境,提高作业效率,自上而下实现公正管理、公正分配。三是运营端:关注人的服务和物的管理的效率。四是服务端:重视附加价值和战略目标以及服务结果。"四化"包括以下内容。一是流程化:实现统一的任务流转、过程监测、辅助决策等一体化服务系统驱动,全过程的服务、设备、员工处于可控、可调、可管的状态,形成闭环,实现标准的逐一落地,在保证安全和品质的前提下,实现预防性维护。二是标准化:包含作业标准化和管理标准化,作业标准化把标准文件转化为基于业务环节的即插即用的插件,管理标准化把管理动作形成流程,设置触发条件,形成自动化运转机制。三是集约化:采用互联网思维,用角色代替组织架构,去层级化,关注客户端的体验,根据不同的角色匹配相应的任务,让各岗位专人专注专业工作。四是数据化:基于大数据进行运营,侧重于数据关联流程,在流程关键环节设置数据指标库,通过数据聚类,分析改善流程的运转,把实时决策融入业务流程,使运营更加简单、高效和智能。

3. 立足自身建设,引领行业发展

在传统的服务和管控模式下,物业行业的发展受到政策等因素的制约。不论是在成本,还是在运营有效性、服务准确性与及时性方面,仍然会受到各方的制约,甚至会从不同角度出现一些负面影响。因此,雅生活集团更加注重培养集成指挥管控理念,打造集成指挥中心,将集成管控贯彻到物业服务全生命周期,升级集成指挥模式。一方面,推动由劳动密集型向知识密集型转变;另一方面,集成指挥中心模式升级也将推动合同履约、信息透明、服务透明的改善,进而推动服务内涵的延展,将政策性、周期性和资本方的评价回归正面,从而带动和引领行业的发展。

在物业行业转型升级的背景下,雅生活将持续深化改革创新,运用数字化和智能化的科技手段赋能物业服务,持续提升服务满意度和品牌知名度。

分享主题 2:集成智慧于指挥,管理服务于服务

分享人:张昆林(雅生活物业服务公司品质总监)

管控的本质就是熵减——由无序的状态改变到期望的秩序,能更有效、更科学地完成任务。管控的升级不是为了炒作新概念、把简单的事情复杂化,而是在一定规则下,使所有的人、事、物能高效地自主运转,让客户多一点满意、员工多一点价值、品质多一点改善。

1. 集成指挥中心的发展概况

从某种意义上说,集成指挥中心是400呼叫中心质变升级的产物。从技术角度看400呼叫中心的发展阶段:第一代呼叫中心——简单的人工热线电话,也就是人工座席,设置专人为上门客户处理各类服务相关问题,或者专人与客户进行电话

沟通，手动记录服务问题的方式，这就是早期的 Call Center，如"114"电话查询；第二代呼叫中心——交互式自动语音应答系统，指在人工座席的基础之上增加了数据语音自动应答，在客户拨打指定的服务电话之后，自动语音技术会通过语音的方式来引导客户选择相应的问题处理和解决方案；第三代呼叫中心——基于计算机电信集成技术的呼叫中心，指采用技术来实现语音和数据同步的，兼有自动语音服务和人工服务的呼叫中心系统；第四代呼叫中心——多媒体呼叫中心，指采用多媒体技术，支持用户以电话、传真、手机、电子邮件、因特网、网络电话等各种方式接入的呼叫中心系统。

四代技术发展带来的是技术升级、方式升级，但本质上还是解决"呼叫"问题。"呼叫"只是集成指挥中心的一个应用场景，集成指挥中心通过技术加持业务，业务仍然是主体，是基石。集成指挥中心的核心除了技术升级外，被赋予了更多的职能，包括业务重塑、流程重塑、交易机制重塑、运营指标重塑等。

2. 集成指挥中心的服务场景

雅生活集成指挥中心以"1＋1＋X 服务体系"为服务场景。"1＋1"指物业全生命周期基础服务分级量化和个性化定制服务模块拆分，"X"代表特殊业态服务叠加组合。物业全生命周期基础服务分级量化包括三大周期（接管前、接管中、接管后）、五大模块（"4保1客"：保安、保洁、保绿、保修、客服）和基础标准，覆盖物业服务的全生命周期。个性化定制服务模块拆分包括 8 个维度（便民小二、环境管家、智慧精灵、生活秘书、商务顾问、健康卫士、社区助理、党政助手）、100 个应用场景，聚焦归家动线及客户触点。特殊业态服务叠加组合包括四大特殊业态（别墅、养老、文旅、公寓）、超 80 项服务产品，精准匹配建筑特性及业主画像。集成指挥中心针对服务场景进行产品化，统一对随时可调用的标准服务实现监控和纠偏，为有特定需求的客户提供量身定制的个性化服务和解决方案，让"X"的内涵更丰富。

3. 集成指挥中心的运作模式

雅生活集成指挥中心的起点是客户，客户在哪里，服务入口就在哪里，围绕着客户把人、事、物有机串联起来，突破时间和空间的限制，构建即时服务机制，即时服务机制依托于"三平台"＋"四体系"＋"双闭环"。

集成指挥中心的"三平台"是通过收集云呼平台、雅管家平台和生产运营平台的数据，实现底层数据互联互通。

集成指挥中心的"四体系"，首先通过 App 客户端、400 热线、专属管家等线上线下渠道对客户声音信息及时进行采集、存储和分析，使各级人员迅速获取客户声音，然后通过数据分析决策体系把直接服务客户的显性数据和间接服务客户的隐性数据形成统一数据库，全面分析，深入问题核心，实现对问题原因和相关部门快速识别，为后续的任务分派提供信息支撑。再通过任务分配管理体系对服务分级分类处理，分级分类的服务匹配不同的管理流程和风险预警流程。最后通过员工成长管理体系把任务工单标准化、价值化，建立交易机制和激励机制，关联整个服务链条涉及的所有角色，通过增量价值，完善信息数据收集，从而实现精准服务、专属服务。

集成指挥中心"双闭环"是基于业务全生命周期的集成与管控。触发式管控基于"问题处理导向"思路，追求的是发生问题后快速处理问题的效率，比如"7×24小时"的热线服务，涵盖了咨询类服务、报事报修类服务、投诉抱怨类服务，热线服务包含来电弹屏、语音播报、座席管理、知识库、智能客服、话务分析、客户信息、工单管理等功能。主动式管控基于"服务前置导向"思路，追求的是提前服务产生的显性价值或隐性价值。在问题没有发生前通过主动服务识别问题，通过服务前置消除问题。主动服务建立在项目信息精细化基础上，包含项目信息管理、客户信息管理、台账管理、标准管理、空间管理、任务管理、知识库等功能。

集成指挥中心的服务目的是通过不断积累的数据建立3种画像——项目画像、客户画像、员工画像，最终实现精准服务、专属服务。

专家点评

专家问诊一：宫雅玲（中国物业管理协会副会长，陕西诚悦物业管理有限责任公司总经理）

宫雅玲：基于信息技术的智慧化服务体系，往往离不开对客户数据的收集。当下大家越来越关心数据隐私与安全。雅生活在这方面是怎样做的？如何打消业主的疑虑？

张昆林：在客户数据收集过程中，我们严格遵守政策与法律，明确告知客户使用目的、使用方法和信息存储方式，逐渐引导和培养客户习惯。我们往往会有两个关注点：用户体验是不是更好？服务效率是不是更高？此外，在鼓励、培养大家使用新手段的同时，对传统方式也会予以保留，给客户自身做选择、做判断的空间。在客户给了数据后，我们也有一套数据安全保密机制，通过信息安全流程、权限体系，以及技术上的防火墙等加密手段，保证用户数据与隐私安全。

宫雅玲：在推动物业行业从劳动密集型向知识密集型转变的过程中，雅生活的全国布局做得很好，对于与雅生活合作的中小企业，雅生活如何利用自己的数字化平台为其发力，把这套机制落地到中小企业？

张昆林：数字化改革转型一般分为三个阶段——信息化、数字化、智慧化，物业行业中的多数企业仍处于第一、二阶段。对于与雅生活合作的中小企业，其可以选择"借力"和"出力"两种方式。首先，雅生活的系统化大平台，它的能力是外溢的，受到我们投资的中小企业可以复用大平台的能力，这是"借力"。其次，中小企业的服务场景也是有差异的，就具体业务场景而言，其做的不是大而全的产品，而是小而美的产品，这是"出力"。最终由雅生活负责串联，形成数字化的生态圈。

专家问诊二：周华斌（中国物业管理协会法律政策工作委员会副秘书长，法眼云律网络集团有限公司董事长）

周华斌：从分享中我可以看到一幅"地球村"的画面，各个区域的服务场景都汇集到我们的这套集成指挥中心里。据我了解，雅生活管理业态包含住宅和非住业态，集成指挥中心针对不同业态在管控上有什么差异？

冯欣：目前的市场环境里，这两个业态是占比较大的，也是我们打造集成指挥中心时考虑较多的两个方面。说到差异，首先，差异最大的是服务对象。住宅业态的服务对象是业主，其身份是物业所有者、产权人；非住业态的服务对象是单一业主或B端客户，其需求和关注重点有所不同。

其次，管理难度不同。住宅用户的使用，24小时周而复始，不因为季节、地域的不同而有所变化；非住物业是根据上班时间决定的，设施设备比较集中，服务的技术含量较高，除了标配的电梯、消防、给排水系统外，还有大型中央空调系统、楼宇自动化系统、智能化管理系统等，专业化要求更高。

最后，服务质量要求不同。非住物业更注重物业管理品质和服务的有效性，尤其是设施设备维护这一块。集成指挥中心设计了三大类流程：计划类、触发类、专项类。这几类流程可以自由组合配置，满足不同业态需求。以维修为例，住宅要求的时效是4小时，非住要求的时效是2小时，其对应的预警机制不同，但可以在一套管理体系下形成多个管理流程，靠集成中心完成匹配。

周华斌：过去几年资本市场上物业行业算得上炙手可热，中小企业的经营者也由此产生了不同的想法。有的人把企业当儿子养，为了自己实现梦想；有的人把企业当女儿养，干到一定程度嫁出去；还有人把企业当猪养，将来养大了就卖掉。在大行业背景下，资本趋于理性，也没那么浮躁了，物业行业整体估值理性回归，物业企业要保持好的发展需要关注哪些方面？

冯欣：周总所说的话题，资本市场上的，或者打算走向资本市场的物业企业应该都会比较关注。未来是什么样的，很多时候取决于我们自己。物业行业的估值是什么水平？我们认为评估一家物业企业的现在和未来的发展潜力要从三个方面来看：一是拼出身，看它背后房企的规模；二是拼钱，看它运用资本的能力，包括并购和资金调控的方法；三是拼能力，比如物业企业外拓能力及存量市场增值平台搭建和运营的能力。

以上也是物业企业发展的三个阶段，从拼出身到拼钱，再到拼能力的过程。我们说物业要回归，回归到哪里？其实就是回归到物业的本质——服务，服务包含物和业两个方面，是针对物业空间和资产，以及物的持有者。物业服务的生产和交付都是以无形的方式存在的，物业作为客户和员工的连接方，如何高效撮合、匹配需求，是未来物业竞争的关键。物业还应该更关注客户需求的管理和服务能力的打造。随着社会发展，未来客户需求会越来越多元化，千人千面，这考验物业的共性需求的标准化、产品化能力，个性需求的定制化、集成化能力，这些都是我们要注意的方向。雅生活对于集成指挥中心的打造也是基于未来如何回归到物业服务本质的过程。

周华斌：我从事社区法治工作比较多，有种深刻的体会，就是集成指挥中心的成立，也为社区矛盾解决提供了很好的桥梁，解决业主和业主的矛盾，也解决业主和物业的矛盾，对今后社区治理与法治建设有很大帮助。

专家问诊三：黄安心（中国物业管理协会人力资源发展委员会副主任，国家开放大学开放教育现代物业管理专业主持教师，广州开放大学教授）

黄安心："集成指挥，数字运营"在管理服务中有什么价值？支撑价值的核心元素是什么？

冯欣：我们将价值总结为如下几个方面：一是客户需求的集成化，需求集中到集成指挥中心，推动迭代升级；二是集约化，去层级化，关注端到端的体验，切割重组职能；三是服务管理标准化，实行统一任务扭转，全过程监控，一体化服务系统驱动，全过程可控可管，形成闭环，让标准逐一落地；四是业务管理的数据化，可以把实时决策融入业务流程，通过数据聚类，分析改善运转效率，让数据业务化，也使业务数据化。

核心支撑元素包括基础的数字化平台、明确的服务标准、透明可配置的流程、基于业务评价的指标体系和基于价值导向的交易机制，它们能让集成指挥在运营中体现出更大价值。

黄安心：冯总说的可以提炼总结为四大价值：大数据支撑的科学决策、及时服务、运营高效和节约资源。进而可概括为四大元素：服务基础条件的数字化、服务过程的产品手段集成化、通过激励机制使服务价值叠加增值化、服务品质精准化。在"集成指挥，数字运营"的情况下，如何处理好"人（现场管理服务人员）机（数字化集成指挥系统）关系"？如何发挥现场管理服务人员的个人价值与作用？

张昆林：首先，我们认为机器的导入应该给人员减负，在人机定位上我们把重复性、高标准性工作交给机器，把需要人性化、个性化的服务场景交给人，两者间既有区分又能交互，形成闭环。举例说明，传统场景下，我们报修要找客服，再让工程主管找维修员上门检测、确认问题、准备材料维修，这其中时间耗费最多的是信息传递过程，但这一过程不产生任何价值。人机结合模式是通过系统报修，系统直接报出基础信息比如设备型号规格，通过机器算法把任务下给维修人员，消除了无效动作。实践中我们很难要求一线人员既具备很强的专业实施能力，又具备沟通和分析能力，所以人机结合可以让专业人做专业事。

在个人价值作用上，传统形态下物业是个吃大锅饭的职业，而通过集成指挥中心实现工单化，可以给每个工单做价值定位。对于个人来说，接的工单多，客户评价好，就能实现多劳多得，化被动工作为主动工作，个人的价值体现也就更大。

黄安心：学界也关注专业人做专业事这个事情，在数字化时代很容易出现机器驱赶人的现象。从人机关系角度，我觉得可从三个层面理解：一是微观互动层面，具体行为优化；二是好的经验变成制度框架；三是人机关系技术层面的呈现，把好的东西通过技术去呈现，这不是一般人能做得了的，需要专业人员、管理人员和基层人员共同优化。

在个人价值发挥上有几点需要注意：个人在岗位上的主观能动性还是要强调，

这事关数据精准性和激励量化性;此外还要注意例外性,通过机器管理的方式,见物不见人的现象比较普遍,项目经理和基层人员经常不见面,管理和服务场景有脱离,制度上如何防止出现差错、真实信息呈现不完全的问题,这需要发挥基层人员的积极主动作用。

 在线分享

1. PPT

(1)集成指挥,数字运营,让服务一直在线

(2)集成智慧于指挥,管理服务于服务

2. 视频

雅生活 集成指挥、数字运营,让服务一直在线

第十二章

人力资源与组织保障

 学习目标

  1.了解企业人力资源体系搭建与组织文化落地对物业企业的重要保障作用;
  2.掌握构建数字驱动型组织,并进行数字驱动型组织发展升级的要素与路径,以文化为驱动力打造人才任用标准及人才培养、发展体系的思路与方法;
  3.结合实际,在充分调查研究的基础上提出完整的人力资源体系创新发展方案。

 学习指导

  学习本案例,首先要认识企业人力资源体系搭建与组织文化落地对物业企业的重要保障作用。然后围绕当前物业行业处于转型期,行业内的人才需求状况,探索吸引人才、确立人才战略规划、加大人才培育力度的思路与方法。最后要结合案例,启发思考,借鉴相关经验推动本公司人力资源战略制定、人才培养与发展体系建设。

案例 12：鑫苑服务：人力资源战略与组织能力升级之路

案例材料

一、公司简介

鑫苑科技服务集团有限公司（以下简称"鑫苑服务"）成立于 1998 年，是中国物业管理协会副会长单位。2019 年 10 月，鑫苑服务在香港地区上市，上市为公司发展提供了国际化的视野和平台，为推动业务创新和发展注入新的动能。鑫苑服务发轫中原、布局全国，管理项目分布在华中、环渤海、长三角、珠三角、西南五大核心区域逾 50 个城市。服务业态涵盖居住社区服务、商业办公产业园区服务、政府公共服务、城市公共服务等。在公司快速发展的过程中，鑫苑的管理实力和服务能力受到各界肯定，从和谐社区到幸福社区，再升级到智慧社区，全国范围内，有多个鑫苑项目属于城市民生示范重点项目。

二、案例背景

千秋基业，人才为本。人才是国家发展的动能，对于一个行业、一家企业来说，人才也是决定发展的关键因素。社会已全面进入人力资本价值时代。人才成为最不可替代的资源，人力资本日益成为企业价值创造的主导要素。人力资源已真正成为第一资源，是最具活力、最具创造力的生产要素，也是企业发展的第一推动力。

当前，物业管理行业正处于转型期，传统物业管理正在向现代物业服务转型升级，粗放的管理模式正在逐步精细化，单一的服务产品正在逐渐多元化，行业内对人才的需求激增，如何广泛吸引各界人才、确立人才战略规划、加大人才培育力度，是我们需要不断探索，在发展进程中不断完善的。

鑫苑服务与行业发展同频共振，持续深化物业服务转型升级，人才是推进工作的重要因素，公司高度重视人力资源模式的探索，并持续进行人力资源战略与组织能力升级，为公司发展赋能。

鑫苑服务持续进行人力资源战略与组织能力升级，从组织、人才、机制、文化等方面进行人力资源战略实施；同时，通过建立任务协同系统、人才与知识系统及文化管理系统等三个组织系统，并建立 10 个子系统，全面达成组织战略。任务协同系统包含战略协同系统、组织结构及决策系统、绩效管理系统、全面回报系统、组织信息及数据系统和人力管理实施系统。在战略协同系统上，通过理清战略解码路径及关键点,基于愿景、使命、价值观,解码公司战略,充分发挥绩效考核的承接作用和激励的牵引作用。在组织结构及决策系统上,通过明确组织结构,清晰定位、业务下沉,落地总部做专、区域及城市做强、项目做好,集团由职能管理向平台化管理转变,实现经营提效。在绩效管理系统上,通过承接公司战略,优化考核,上线管理。在人才选育用留方面,通过深化鑫苑干部关键能力管理模型,夯实"5+1"人才培养体系,强化人才库管理;深化人才融入 SOP(180 天转身计划),促进员工高效融入。在数字化赋能方面,鑫苑服务创新思维,布局 AI、物联网技术,实时动态管控服务,使得管理更符合现实需求。鑫苑服务对人才培养的一贯高度重视和长期矢志不渝,使公司成功塑造出了一支具有鑫苑基因的团队,为企业快速、持续、稳健发展提供强有力的人力资源保证。

三、内容框架

1. 主要依据

伴随着鑫苑服务的成长和发展,公司的组织形态也在持续进化和升级。在公司发展的初期,主要是运营管控性的组织,通过标准管控、流程管控、业务管控,强化对业务的支撑和指导。在转型升级期,公司业务范围持续延伸,逐步由业务管控型向战略赋能型转化,通过战略引领、创新驱动和技术赋能,与公司的战略发展相呼应。随着产业生态的形成、大事业部机制的推进,鑫苑服务正在进行数字驱动型组织发展升级,通过数字驱动、平台共享、生态赋能,为公司持续转型升级做组织支撑。

构建科学合理的选聘、培养、评价、共享机制,培养有共同信仰、有能力、高质量、目标一致、行动一致的事业伙伴,打造员工与企业共生、共享平台。遵循企业与员工共生共赢的理念,不断完善人才培养和发展体系,依托鑫物学院,在业务技能掌握、系统化知识学习方面给予全方位指导,为员工提供开放式发展和晋升渠道。

文化是企业的灵魂,是企业持续发展的动力源泉。在鑫苑服务的发展历程中,企业文化始终是公司发展壮大的重要基石,引领着全体员工坚定理想、砥砺前行。

2. 内容要素

鑫苑服务通过建立任务协同系统、人才与知识系统及文化管理系统等三个组织系统,并建立 10 个子系统,全面达成组织战略。

任务协同系统包含战略协同系统、组织结构及决策系统、绩效管理系统、全面回报系统、组织信息及数据系统和人力管理实施系统。其中,战略协同系统通过理清战略解码路径及关键点,基于愿景、使命、价值观,解码公司战略,充分发挥绩效考核的承接作用和激励的牵引作用;组织结构及决策系统通过明确组织结构,清晰定位、业务下沉,落地总部做专、区域及城市做强、项目做好,集团由职能管理向平台化管理转变,实现经营提效;绩效管理系统通过承接公司战略,优化考核,上线管理,将绩效考核结果应用于绩效奖金、岗位调整、薪资调整、人才轮岗等;全面回报系统以战略达成为基础,持续优化激励机制,做到即时核算兑现,就异常情况进行预警,建立动态看板,使经营可视、收益可视、奖金可视;组织信息及数据系统通过支持组织升级,实现团队组织的智慧协同,提升员工的整体体验,赋能员工,以数据驱动绩效管理,实现数字化决策;人力管理实施系统通过构建敏捷的人力资源服务体系,实现人力资源管理闭环。

人才与知识系统包含人才选育用留系统和知识进步与技术创新系统。其中,人才选育用留系统通过深化鑫苑干部关键能力管理模型,夯实"5+1"人才培养体系,强化人才库管理;深化人才融入SOP(180天转身计划),促进员工高效融入;知识进步与技术创新系统将知识进行提炼,经过业绩分析、挑战分析、经验挖掘、项目复盘和知识建模等步骤,将经验提炼为模型;通过在线学习平台随时随地进行知识传承。

文化管理系统将法治文化系统建设和企业家精神系统建设,通过企业文化建设,全面与法治精神、企业家精神相结合,为公司发展打造强劲后盾。

四、主要的成果及经验

1. 组织

在数字驱动型组织搭建方面,鑫苑服务将数字化战略与数字化建设推进相结合,构建了包括敏捷前台、共享中台和数据后台的新型组织生态。在敏捷前台的打造上,目前主要通过细化经营单元,实施项目阿米巴经营机制,将项目作为最小的经营单位,提升前台服务敏捷度、市场敏捷度和经营敏捷度,提升项目的自我运营、自我发展能力。在共享中台的打造方面,主要通过数字化、信息化建设和推进,目前已经打造业务共享中心、财务共享中心、客服共享中心和报表共享中心,实现人员、技术、数据、资源共享。在数据后台的打造方面,通过资产主数据、员工主数据、客户主数据的打造,数据驾驶舱的搭建,以及数据赋能,使服务更精准、有效。

提升新型组织生态下的管理效率,是通过建立优化规则,纵向压缩,横向集成。设置第一责任人,加强风控环节,进行时效管控,审批时间月均不超过3小时,单流程完结审批不超过48小时;最高节点不超过8个,减少冗余,提高效率;部门内不超过2级审批,适当下放审批权限。

2. 人才

经过20多年发展,一大批跟随鑫苑服务成长起来的员工,将优秀的企业文化、工作标准等进行传承,熔炼出了一支综合素质高、执行力强、具备创新意识、服务能力突出的员工团队。同时,鑫苑服务非常注重对行业及跨界优秀人才的获取,为公司运营管控、市场拓展、社区增值、信息技术等业务发展提供强力支撑。鑫苑服务的高管团队物业行业经验均在10年以上,对行业有较深的理解,并拥有丰富的管理经验及创新性、前瞻性的战略眼光。这有赖于企业人才体系的健全执行。

公司通过员工胜任模型、干部能力模型、干部管理模型,构建起完善的人才任用标准。其中,员工胜任模型通过科学的测评手段,用数据辅助科学选人、用人决策。强调价值创造、组织认同、战略远见;干部能力模型要求遵循三个维度,即通用能力、专业能力和职位能力;干部管理模型是干部招聘、选拔、考评和培养的基本依据和执行标准。核心价值观是基础,组织原则是任职底线,绩效是必要条件,能力是关键成功要素。

鑫苑服务以文化及绩效为驱动,建立起后备人才建设机制并持续运行,培养具备鑫苑基因的人才。2020年,鑫苑人才梯队培养优化再升级,通过针对核心管理层的"鑫视野"、针对A类干部后备人才的"鑫领航"、高潜力B类干部的"鑫栋梁"、高潜力C类干部的"鑫基石"、1~3年管培生的"鑫青年"等项目,建立后备人才内部培养机制,提升人才内部培养率。目前,公司在线学习平台上线,本着"你不会的我们帮你解决"的目的,明星讲师系列直播、鑫苑知库、鑫苑锦囊、培训排行榜、"鑫成员"必修课等,受到员工的广泛欢迎。日活跃用户数目前稳定在850以上,累计创建内部知识6000多条。

3. 机制

鑫苑服务通过全维度激励、全过程绩效、全方位画像三种方式,打造完善的人力资源战略实施机制。公司建立了长短期激励相结合的全维度激励体系,并持续优化迭代。利润分享、专项激励、事业合伙人、项目跟投、期权激励等,多元并举;同时搭建共生共享平台,集团总部、子公司、创投团队、合伙人等达到配置资源、互相赋能的同时,实现利润分享、收益分享,将企业发展的红利最大限度地与更多的员工共享。全过程绩效是在绩效考核过程中,导入平衡计分卡的理念,建立"战略导向"的绩效管理系统,将学习成长、运营管理、客户服务和财务管理进行全过程融合。全方位画像通过打造公平、合理、科学的员工综合素质测评机制。全面直观地了解各层级员工的职业素质,挖掘员工能力与优势,帮助员工成长,助力实现员工的自我提升。进行实时动态数据记录,采用6项36条计分规则,对员工职业成长进行全方位画像,为人员评价和选拔任用提供可量化的能力评价参考。

4. 文化

公司成立之初,就致力于企业文化、科学管理机制的建立,确立了"追求进步,超越自我"的企业精神,"创建美好家园是我们的共同心愿"的企业使命。着力在塑造"一流的公司、一流的团队、一流的服务"方面苦练内功,蓄势待发。2006年,在进入多项目发展的重要时刻,大力倡导"崇尚荣誉、捍卫责任、创造价值"的核心价值观;实施全员竞聘上岗,为有心有力的人营造了广阔的发展平台,打破了看学历、凭资历的旧观念;实施"非1即0"的计划考核,强化团队执行力;进行长征精神研讨等活动,员工团队在洗礼中散发着蓬勃朝气。2007年,伴随公司全国化发展步伐,异地团队不断扩大,文化和地域的差异性使公司面临许多难题,特别是在异地人员招聘、企业文化复制、业主生活习惯等方面。面对矛盾问题和"水土不服",鑫苑服务本着"设身处地""因地制宜""求同存异"的原则,结合各地情况进行差异化管理,使服务效果快速被各地业主所接受,塑造了团队"艰苦创业""不畏艰难""开拓进取"的优良传统。2008年,面对金融海啸、经济危机的强势侵袭,鑫苑服务夯实内功、熔炼团队、强化组织建设工作力度,相继出台六大核心行为能力模型及各种规章制度,进行井冈山精神、华为文化、西点文化等学习,有效整肃纪律、纯洁团队,

"死磕紧盯"成为广大员工的口头禅。2012年,在转型升级的新阶段,重新提炼了"诚信、责任、执行、创新、职业化"五大核心行为能力,"服务观、人才观、财富观"三大核心价值观念延伸,为未来发展奠定了新时期的文化基础。企业文化要不断适应企业的发展需要,也要结合内外部的变化,适时发现新文化因子。2019年,公司上市后,重塑鑫苑"人格理念"和"工作作风",使文化在传承与创新中凝练出鑫苑服务在新时代背景下催人奋进的文化内核,在全公司上下形成战略意图一致、使命追求一致、奋斗精神一致、价值分享一致的共同体。正是这样的积淀才成就了这样一家有文化传承的企业,熔炼出这样一个有梦想、有情怀的团队。

为促进鑫苑文化理念的传播落地,公司运用多种载体及渠道。文化理论方面,2005年,时任河南省社会科学院副院长刘道兴带领团队深入鑫苑名家小区调研一个月,编写完成277页30余万字的《鑫苑名家与和谐文化》,成为文化建设的蓝本;鑫苑小红书,积淀鑫苑20多年文化精髓,成为员工学习企业文化的工具书。企业文化通过多个文化矩阵来具体呈现,通过选拔企业文化大使、进行品牌文化巡讲与项目宣讲及文化仪式化等方式,推进企业文化在各地区、各产业板块的复制与传播;企业文化月、周年庆典,使员工受到文化洗礼;感动鑫苑人物评选、最美鑫苑人评选、"长期服务奖"授勋等,彰显鑫榜样正能量。

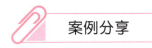

案例分享

分享主题:人力资源战略与组织能力升级之路

杜祥艳(鑫苑科技服务集团有限公司人力资源中心总经理)

人力资源管理发展可分为四个阶段,最初的两个阶段是对业务的支持,进而需要在定位上升级成业务伙伴,最终成为业务的驱动力。在人力资源战略上,鑫苑在策略、组织、人才、文化等方面均有建树。

在组织形态上,鑫苑做到了从运营管控型到战略赋能型,再到数字驱动型持续升级。在人才培养上,鑫苑通过制定人才任用标准和构建人才发展体系,打造自己的人才梯队。在机制上,鑫苑建立了多元化、多层次的激励机制,长短期相结合,将企业的发展红利与员工共享,更好地激励员工。此外,企业文化是公司发展壮大的基石,通过价值观、使命和愿景的树立,可以巩固企业人才团队。

在人力资源战略升级方面,鑫苑通过建立任务协同系统、人才与知识系统及文化管理系统等三个组织系统和10个子系统,全面达成组织战略。

专家点评

专家问诊：朱浩（中物品质联盟执行总经理，支付宝大学物业行业客座讲师）

朱浩：鑫苑在数字化与业务的结合上已经做得非常精细，尤其是业财一体化。那么对于发展型、中小型物业企业，其在末端管理项目中也涉及服务品质管控的问题。一线服务人员的素质可以通过培训等途径提高，但也意味着成本的增加。在这样的大背景下，如何保证人力成本的控制与服务品质的均衡？

杜祥艳：鑫苑主要从三个方面做相应的管控：一是智能化新工具的应用，提升作业效果，同时提升业主感知，最终实现降低人员成本的目的；二是物业行业是人与人高度关联的行业，现场人员的精简有底线，通过信息化、数字化对中层赋能，提高中层管控幅度和效能；三是在传统手段基础上，布局 AI、物联网技术，实时动态管控服务。我们认为，未来科技将进一步改变服务生态，提高管理效率。

在线分享

1. PPT
人力资源战略与组织能力升级之路

2. 视频
（1）杜祥艳：人力资源战略与组织能力升级之路

（2）专家问诊：林常青、朱浩、姚平、杨熙

后记
Postscript

  物业企业面对新时代，需要新作为、新标杆、新能量。为全面贯彻中共十九届四中全会精神，深刻领会习近平总书记有关社会治理能力系列讲话精神，全面推进社会治理能力建设，配合中国物业管理协会"能力建设年"活动，启动行业管理服务能力建设，通过抓重点、补短板、强弱项，促进能力建设，福州唐世网络信息技术有限公司（中物教育平台）和北京中物研协信息科技有限公司积极响应、认真落实"能力建设年"号召，充分运用中国物业管理协会授权的"中物教育平台"优势，在全国物业管理行业防疫战役即将迎来全面胜利的关键时刻，适时推出了"对话行业标杆：解读企业成功之道"系列活动。通过对话头部企业，全面解读头部企业的成功秘诀，探寻变革时代企业提升之道，全面推动物业管理行业高质量可持续发展，适应我国社会经济发展需要，满足人民群众对美好生活的需要。

  "对话行业标杆：解读企业成功之道"系列活动，总结了行业经验，探寻了行业规律，对不断提升行业的能力，优化行业的服务品质，以及广大从业人员转换思维、提升素质能力和适应行业转型发展需要，具有重要指导作用。我们以此系列活动的成果为基础，重新提炼，集体创作《智慧物业服务头部企业案例精解》，奉献给广大行业同仁和有志于物业管理事业的高校学生、社会人士，希望以此抛砖引玉，让行业各具特色的精彩永续，让优秀物业企业、优秀物业人员铸就的品质永恒，推动行业能力建设，共创行业辉煌！

  本书内容丰富，适用性、先进性、探索性突出，值得细读。主要内容包括基础服务品质提升、社区运营管理服务、服务体系现代化建设、园区物业服务、数字化物业项目管理服务、数字城镇全域服务、物业管理智慧平台、商务写字楼全场景服务、产业园区一体化智慧服务、数字化集成物业服务、数字化集成指挥与运营、人力资源与组织保障等12章，将头部企业最新探索成果和专家新锐观点呈现在读者面前。每章以学习目标、学习指导、案例材料、案例分享、专家点评和在线分享等方式，进行全景化、可视化、逻辑化呈现。分享专家大都是行业内的企业家和高管，内容鲜活，富有特色，实操性强，扫码即可进入视听学习。

本书由林常青、杨熙、黄安心主编,由黄安心负责组稿、编写工作。各参与企业的领导和编写人员付出了大量辛勤劳动,得到了中国物业管理协会领导的关心和支持,并提出了修改意见。华中科技大学出版社精心策划出版事宜,并提供了相关支持与服务。蓝小玲、谢侬梦、黄澜屿、梅汉荣、刘慧、陈少芬等老师参与了本书的资料收集与整理工作。在此一并表示衷心感谢!

本书在编写过程中参考了大量的资料和书籍,借鉴了一些专家学者的成果,在此表示感谢!限于篇幅或可能出现的遗漏,未能一一列出,在此表示歉意!

2022 年 3 月

与本书配套的二维码资源使用说明

  本书部分课程及与纸质教材配套数字资源以二维码链接的形式呈现。利用手机微信扫码成功后提示微信登录,授权后进入注册页面,填写注册信息。按照提示输入手机号码,点击获取手机验证码,稍等片刻收到4位数的验证码短信,在提示位置输入验证码成功,再设置密码,选择相应专业,点击"立即注册",注册成功。(若手机已经注册,则在"注册"页面底部选择"已有账号? 立即注册",进入"账号绑定"页面,直接输入手机号和密码登录。)接着提示输入学习码,需刮开教材封面防伪涂层,输入13位学习码(正版图书拥有的一次性使用学习码),输入正确后提示绑定成功,即可查看二维码数字资源。手机第一次登录查看资源成功以后,再次使用二维码资源时,只需在微信端扫码即可登录进入查看。